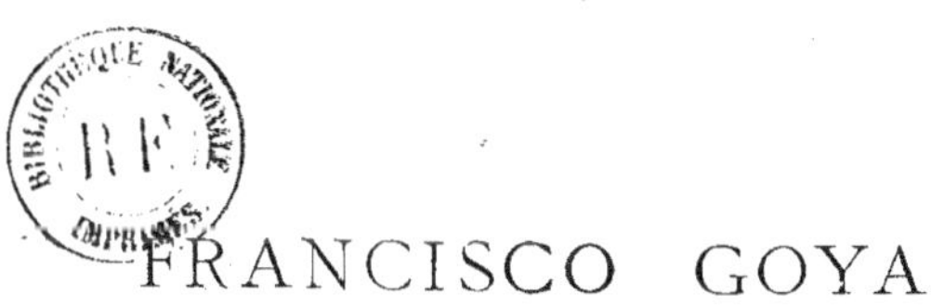

FRANCISCO GOYA

LOYS DELTEIL

LE PEINTRE GRAVEUR ILLUSTRÉ

(XIXe ET XXe SIÈCLES)

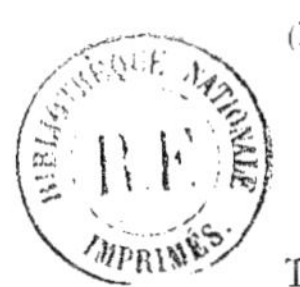

TOME QUINZIÈME

FRANCISCO GOYA

SECONDE PARTIE

PARIS

Chez l'Auteur, 2, rue des Beaux Arts

1922

LES DÉSASTRES DE LA GUERRE

SUITE DE QUATRE-VINGTS PIÈCES

(N⁰ˢ 120 à 199)

Ainsi que l'a précédemment fait remarquer Paul Lefort et, après lui, les divers biographes de Goya, il n'existe pas de tirage *contemporain* de l'artiste, de la suite des **Désastres de la Guerre** avec les légendes, celles-ci ayant seulement été gravées, à l'époque de la publication effective des 80 planches par l'Académie de San Fernando, c'est-à-dire en 1863. Les épreuves tirées par l'artiste ou sous ses yeux, ne comportant pas de lettre, se rencontrent très rarement, le plus souvent par unités. L'on ne peut citer en effet que trois séries *complètes* en épreuves *d'états* ; celle, universellement connue du peintre Valentin Carderera, aujourd'hui propriété d'un de ses descendants, M. Eduardo Carderera, avec toutes les légendes transcrites manuscritement en marge par Goya lui-même (1), puis celle tout à fait exceptionnelle appartenant au peintre espagnol, M. Pedro Gil Moreno de Mora, hôte de la France depuis de nombreuses années, enfin la troisième qui se trouve entre les mains des héritiers de l'Infant Don Sébastien. Hormis ces trois séries nous citerons, comme possédant de 30 à 45 épreuves *d'état*, des **Désastres de la Guerre**, le Cabinet des Estampes de Paris, la Bibliothèque de l'Université, de Paris, la Bibliothèque Nationale, de Madrid, et le Kupferstiche Kabinet, de Berlin.

Il existe trois tirages distincts des **Désastres de la Guerre** ; le premier, de 1863 (2), est précédé du titre et de la notice dont nous donnons ci-après le fac-simile ; il a été limité à 500 exemplaires, dont un nombre très restreint, avant que les légendes n'aient été gravées (3).

« L'exécution matérielle — a écrit P. Lefort — en est soignée, surtout dans les premiers exemplaires, que l'on reconnaîtra au ton roussâtre de l'encrage. » Ce premier tirage des 80 pièces a été imprimé sur papier vélin sans vergeures, au filigrane *J. G. O.* (José Garcia Oseñalde).

La seconde édition parue en 1892, comporte le titre et la notice de la première édition, la date seule change, comme d'ailleurs dans le troisième tirage effectué en 1903. Ces deux derniers tirages, dont l'encrage est généralement un peu lourd, sont exécutés sur papier à vergeures, mais sans filigranes.

Comme le laisse comprendre le sous-titre de Cean Bermudez, — fait remarquer très justement Paul Lefort, — « ... les quatre-vingt cinq pièces réunies (par Cean Bermudez) n'appartiennent pas toutes aux *Malheurs de la Guerre*. A partir, en effet, de la planche 65 : « Que alboroto es este », Goya commence ce que l'on pourrait appeler une nouvelle série des *Caprices*. Comme sa devancière, cette dernière contient, pêle-mêle, tantôt des satires politiques ou religieuses, tantôt des scènes fantastiques, et tantôt enfin ces rêves étranges à l'aide desquels l'audacieux artiste traduit des aspirations politiques et philosophiques d'une portée si singulière pour l'époque et le milieu qui les virent paraître. »

A la suite des 80 planches publiées, nous donnons la reproduction des deux pièces restées inédites des **Désastres de la Guerre**, et dont les cuivres retrouvés par Paul Lefort ont été offerts par celui-ci à la Chalcographie de Madrid.

---

(1) Cean Bermudez avait imaginé pour cette série, à laquelle étaient adjoints dans la pensée de l'ami de Goya, les *Trois Prisonniers*, le titre suivant que nous transcrivons d'après P. Lefort :

« Fatales consacuencias de la sangrienta guerra en España con Buonaparte y otros caprichos enfanticos en 85 estampas inventadas, dibijadas y grabadas por el pintor original D. Francisco de Goya y Lucientes. En Madrid. »

(2) En 8 livraisons de 10 planches chacune, sous couverture verte.

(3) L'on rencontre de cette édition, quelques exemplaires renfermant un petit nombre d'épreuves ou la lettre *n'a pas été encrée* ou bien *grattée*. (Cabinet des Estampes, Paris.)

LOS DESASTRES DE LA GUERRA:

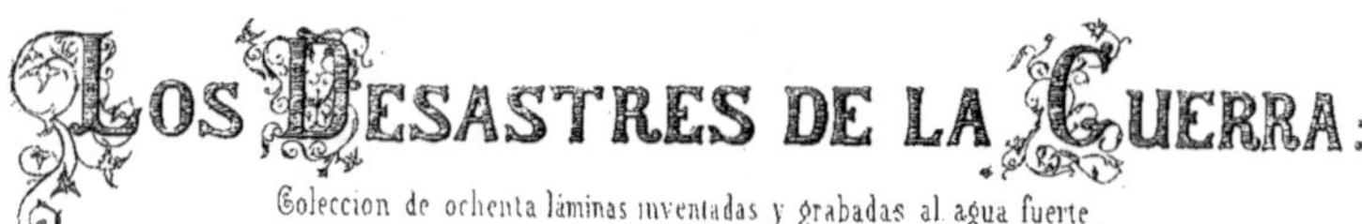

Coleccion de ochenta láminas inventadas y grabadas al agua fuerte

POR

DON FRANCISCO GOYA.

Publícala la R! Academia de Nobles Artes de San Fernando.

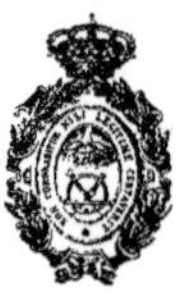

MADRID
1863.

El nombre de Goya es bien conocido de todos los amantes de las Artes, y ha volado por España y fuera de ella acompañado de una fama merecida: á pesar de la poca justicia con que generalmente son juzgados los hombres de mérito verdadero por sus contemporáneos, la generacion que concluye, que le conoció y trató en su vigor, la que hoy média su camino, que le alcanzó en sus últimos años, y la que comienza su carrera artística y ha visto sus obras y oido hablar de él á sus padres y á sus maestros, todas unánimes le conceden un honroso lugar en la série larga y brillante de los artistas españoles. Y no debe Goya su nombre y su fama á la circunstancia de haber escaseado tanto los artistas notables en España durante el último tercio del siglo pasado y el primero del presente, no: Goya hubiera conquistado siempre y en cualesquiera circunstancias el renombre que no podia menos de adquirirle su originalidad verdadera, hija de la singular independencia de su carácter: maestro de sí mismo, puede decirse que por sí solo constituyó Escuela, adoptando un modo de ver en artes que nadie tuvo antes que él, que acaso nadie seguirá despues. No se propone la Academia hacer una crítica del génio y de las obras de este hombre singular, que ha sido ya juzgado con algun acierto por propios y estraños; y al publicar una coleccion, hasta ahora inédita, de sus estimadas aguas-fuertes, cumple solo un honroso deber, contribuyendo á dar á conocer cada vez mas las obras caracteristicas de tan distinguido maestro, y tan digno individuo de este cuerpo artístico. La coleccion que él designó con el nombre de *Estragos ó Desastres de la Guerra*, es sin disputa una de las mas notables que en este género produjo Goya: en ella se descubre todo el brio de su fogosa imaginacion, exaltada y sobreexcitada por un vivo sentimiento de patriotismo, en aquellos terribles momentos en que una injusta invasion estranjera pretendia humillar el orgullo y altivez caracteristicos del nombre castellano: ¿qué mucho, pues, que un español, un aragonés y un hombre del carácter duro é independiente de Goya se dejase arrastrar muchas veces hasta la exageracion y la caricatura? En cambio respira esta obra novedad en los asuntos, originalidad en los tipos, fuego en la composicion, valentía y seguridad en la mancha, decision y hasta finura en el dibujo. Para que nada falte á esta singular coleccion, las leyendas puestas á cada lámina son otro rasgo mas del génio de su autor: concisas, incisivas y picantes añaden carácter, si añadírselo es posible á lo que ya consignó el lápiz del artista: una breve frase, y á veces una palabra sola, revelan con su misma rapidez la idea fugaz que su mente concibiera en un momento y su mano representara en poco más de otro. La Academia, que ha adquirido las planchas de esta coleccion, conocida de muy pocos y de la que solo se habian sacado un número reducido de pruebas, la publica con la confianza de que ha de merecer una favorable acogida á los amantes de las Artes españolas.

Varias son las biografías que se han escrito y publicado del célebre Goya, cuya vida y cuyo retrato son ya bastante conocidos; por eso la Academia no cree necesario poner al frente de esta publicacion sino una brevísima noticia de su vida y obras, para conocimiento de aquellos pocos que antes de examinarla, no hayan leido ninguna de aquellas.

D. Francisco Goya y Lucientes nació en Fuentedetodos, Aragon, el dia 31 de Marzo de 1746: no se tienen noticias detalladas de su juventud, y solo se sabe que desde la edad de 13 años se dedicó al dibujo en Zaragoza bajo la direccion de D. José Luzan, y que, muy jóven aún, pasó á Roma donde continuó sus estudios. Las primeras obras que dieron á conocer su génio en la pintura fueron los cuadros que ejecutó para la fábrica de tapices, cuyo valor autorizaba con su visto bueno el caballero Mengs, á quien tenia asombrado la grande facilidad con que los hacia. Pintó al fresco una de las medias naranjas de la Iglesia del Pilar de Zaragoza y en Madrid la capilla de San Antonio de la Florida. Tuvo bastante facilidad en los retratos, y los mejores fueron los de aquellos amigos en que no empleó mas que una sesion. El Cristo y cuadro del Santo en la Iglesia de San Francisco, y el do San José de Calasanz en la de San Antonio Abad de Madrid, los tres que hizo para la capilla del Monte Torrero en Zaragoza, el prendimiento que existe en la sacristía de la Catedral de Toledo, y Santa Justa y Rufina en la de Sevilla, bastan para dar á conocer su mérito artístico; aunque siempre merecieron su predileccion los cuadros que tenia en su casa, pues, como pintados con libertad segun su génio y para su uso particular, los hizo con el cuchillo de la paleta en lugar del pincel, logrando sin embargo que causen un efecto admirable á proporcionada distancia. Pintó muchos cuadros en que representó con admirable verdad las costumbres del pueblo bajo de Madrid, y otros muchos asuntos variados y caprichosos. Son muy notables y dignas de verse entre sus obras de estos géneros la coleccion de cuadros que posee el Excmo. Sr. Duque de Osuna en su bella quinta de la Alameda, que representan varias escenas populares en figuras de tamaño mayor y mas concluidas que lo que generalmente acostumbraba, los retratos que en considerable número tienen el mismo Sr. Duque y el de Fernan-

Nuñez, y la de pinturas al temple que ejecutó sobre los muros de la casa que habitó en las afueras de Madrid, situada en una altura, cerca del camino de la ermita de San Isidro y que hoy pertenece al Sr. D. Segundo Colmenares : los asuntos de estas pinturas son muy variados; conciliábulos de brujas, riñas, escenas de costumbres y algun asunto mitológico. La Academia posee cuatro cuadros compañeros que representan un auto de fé, una procesion de Semana santa, una corrida de toros en una aldea, y una casa de locos; posee además otro que representa la mascarada del entierro de la sardina, de figuras pequeñas como los otros cuatro; otros dos que representan en tamaño natural el uno una mujer tendida y caprichosamente vestida de maja, y el otro otra que pasa por retrato de la actriz conocida por la Tirana, y el retrato del mismo Goya. Las dos anteriores se van á grabar para formar parte de la coleccion de grabados de sus cuadros notables que la Academia se propone publicar.

Grabó al agua fuerte además de la coleccion que hoy se publica otras tres que compondrán mas de doscientos cobres y pasó los últimos años de su vida dibujando constantemente.

Fué nombrado indivíduo de esta Academia en 7 de Mayo de 1780, Director de Pintura en 13 de Setiembre de 1795, quedando como honorario dos años despues. Fué pintor de cámara del Rey Cárlos IV desde Abril de 1789 y el primero de los de esta clase en Octubre de 1799. Falleció en Burdeos á los 84 años de edad el 16 de Abril de 1828.

120. — TRISTES PRESENTIMIENTOS DE LO QUE HA DE ACONTECER
(TRISTES PRESSENTIMENTS DE CE QUI DOIT ARRIVER)

(L. 189 millim. H. 146)

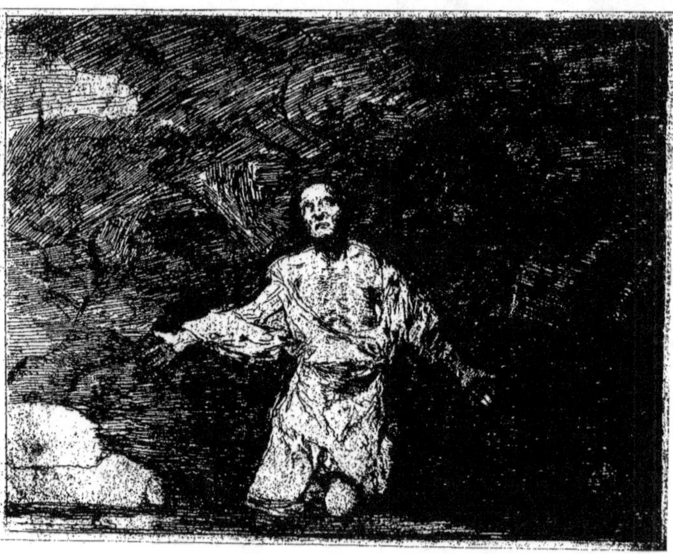

2ᵉ état.

Planche 1 des **Désastres de la Guerre.**

1ᵉʳ Etat.   Avant la lettre, avant le nº 1 et avant quelques légers travaux à la pointe sous les bras et sur la
poitrine du personnage. De toute rareté.

2ᵉ   —   Avec le nº 1 en H. à G., en marge, mais encore avant les travaux à la pointe et avant la lettre.
Fort rare. Cabinet des Estampes, Paris, M. P. Gil. **L'État reproduit.**

3ᵉ   —   Avec l'addition d'une douzaine de tailles obliques sous les bras du personnage, puis sur sa
poitrine, etc., mais toujours avant la lettre. Très rare.

4ᵉ   —   Avec la lettre. On lit : *Tristes presentimientos de lo que ha de acontecer.*

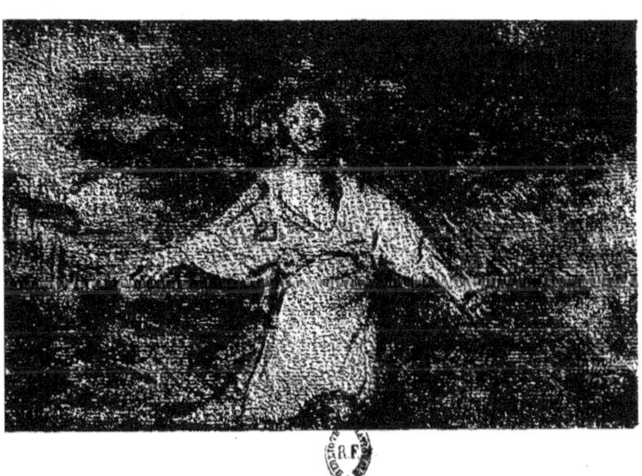

Le **Musée** du **Prado** conserve un dessin préparatoire à la sanguine pour cette planche ; nous en donnons ci-dessus un fac-simile réduit.

Le cuivre existe (Académie de San Fernando).

121. — CON RAZON Ó SIN ELLA (AVEC OU SANS RAISON)

(L. 196 millim. H. 140)

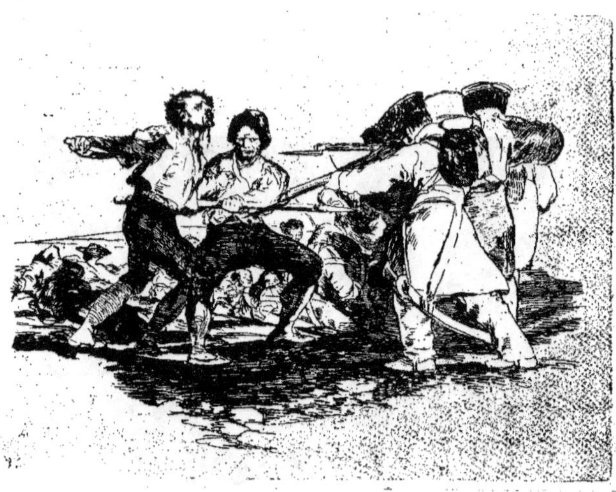

2ᵉ *Etat.*

Planche 2 des **Désastres de la Guerre.**

1ᵉʳ Etat. Avant la lettre, avant les numéros, avant le T. C., et avant les tailles horizontales ombrant le second personnage qu'on ne voit qu'en partie, au second plan à gauche ; également avant quelques tailles sur la montagne du fond, entre les deux soldats espagnols ; enfin avant que le vêtement du second espagnol combattant, n'ait été élargi à droite, sous son fusil. Le cuivre n'est pas biseauté. De toute rareté. Kupferstiche Kabinet, Berlin.

2ᵉ — Avec le n° 36 dans le B. à G., mais encore avant la lettre, avant le T. C., et avant les travaux mentionnés ci-dessus. Fort rare. L'État reproduit. Bibliothèque Nationale, Madrid, Cabinet des Estampes, Paris, Bibliothèque de l'Université, Paris, M. Pedro Gil.

3ᵉ — Avec le n° 2 dans le H. à G. ; le n° précédent (36) subsiste ; avec les retouches mentionnées plus haut et avec un T. C., mais toujours avant la lettre. Rare. Cabinet des Estampes, Paris, Kupferstiche Kabinet, Berlin, Mⁿ Jay.

4ᵉ — Avec la lettre : *Con raꝫon ó sin ella.* Le cuivre est biseauté.

Le cuivre existe (Académie de San Fernando).

122. — LO MISMO (DE MÊME)

(L. 198 millim. H. 145)

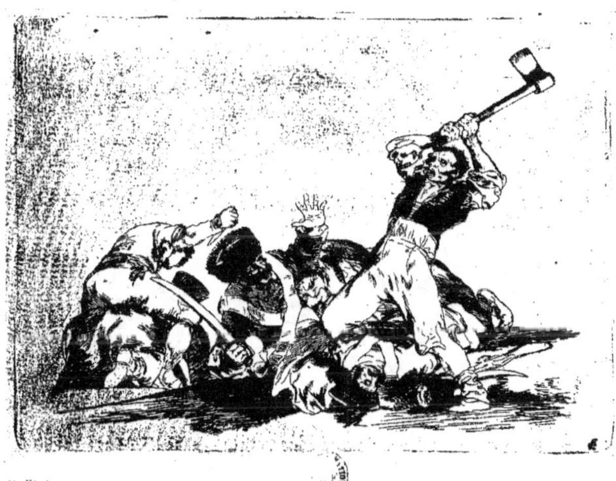

1ᵉʳ État.

Planche 3 des **Désastres de la Guerre**.

1ᵉʳ État. Avant la lettre, avant les numéros, avant le T. C., et avant deux traits agrandissant légèrement le crâne de l'homme à la hache et avant que le torse du même personnage n'ait été élargi à droite. De toute rareté. Bibliothèque de l'Université, Paris. **L'État reproduit.**

2ᵉ — Encore avant la lettre et avant le T. C., mais avec le nº 18, dans le B. à G. Fort rare.

3ᵉ — Avec le nº 3, dans le H. à G., et avec les retouches indiquées au 1ᵉʳ état. Le nº précédent (18) subsiste, mais recouvert par quelques tailles. Toujours avant la lettre et avant le T. C. État reproduit dans le **Goya**, de J. Hofmann. Cabinet des Estampes, Paris, Kupferstiche Kabinet, Berlin, MM. P. Gil, Hofmann fils.

4ᵉ — Encore avant la lettre, mais avec le T. C. entourant la composition. Tirage de 1803.

5ᵉ — Avec la lettre : *Lo mismo*, et avec un T. C. entourant la composition.

Le cuivre existe (Académie de San Fernando).

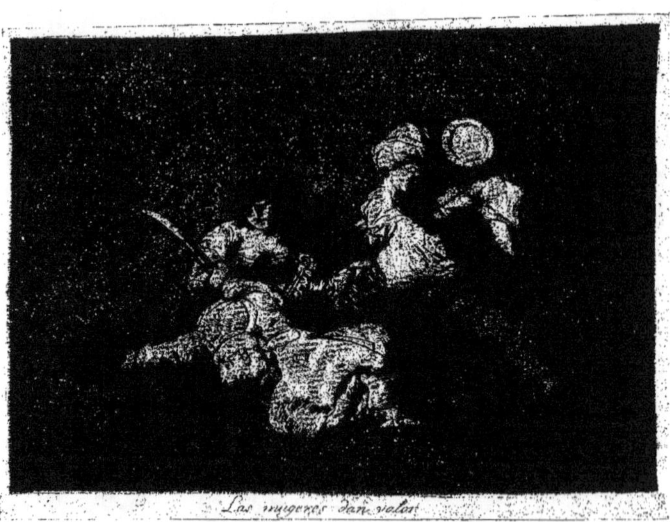

4° Etat.

Planche 4 des Désastres de la Guerre.

1er Etat.   A l'eau-forte pure, avant la lettre et avant les numéros. Le cuivre n'est pas biseauté. De toute
            rareté.

2e   —   Avec l'addition de tons d'aqua-tinte, et avec le n° 34, dans le B. à G. Encore avant la lettre.
            Fort rare.

3e   —   Avec le n° 4, dans le H. à G. Le n° précédent (34) subsiste, mais à demi effacé ou mal encré.
            Toujours avant la lettre. Très rare. Cabinet des Estampes, Paris, Kupferstiche Kabinet,
            Berlin, Mrs Jay, MM. P. Gil, Hofmann fils.

4e   —   Avec la lettre. **L'État reproduit.** Le cuivre est biseauté.

Cette planche a été reproduite dans le **Goya**, de Paul Lafond.

Le cuivre existe (Académie de San Fernando.)

(L. 180 millim. H. 133)

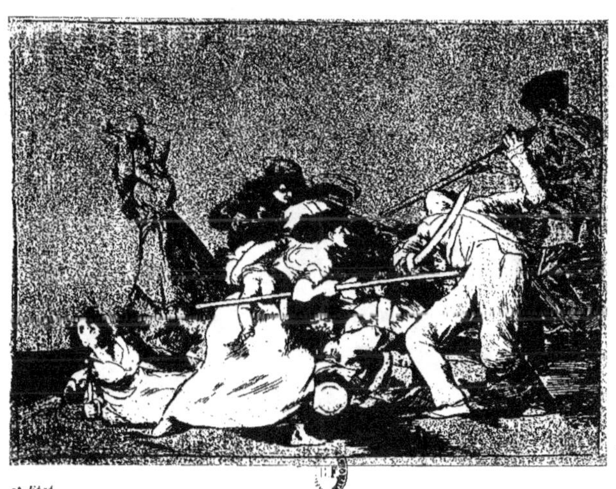

2ᵉ État.

Planche 5 des Désastres de la Guerre.

1ᵉʳ État. Avant la lettre, avant les numéros et avant les travaux à la pointe-sèche sur le pantalon du soldat du premier plan, à droite. Le cuivre n'est pas biseauté, ni nettoyé. De toute rareté.

2ᵉ — Avec le nᵒ 28 dans le B. à G., en marge et avec les travaux à la pointe sur le pantalon du soldat, mais avant que le grain d'aqua-tinte n'ait été renforcé. En cet état, il déborde dans les marges. Encore avant la lettre. Très rare. Cabinet des Estampes, Paris, Bibliothèque de l'Université, Paris, Kupferstiche Kabinet, Berlin. **L'État reproduit.**

3ᵉ — Avec le nᵒ 5, dans le H. à G., en marge. Le nᵒ précédent (28) subsiste, mais à demi effacé ou mal encré. Toujours avant la lettre, mais les marges sont nettoyées et le grain d'aqua-tinte renforcé. Rare. Cabinet des Estampes, Paris, Kupferstiche Kabinet, Berlin, Mᵐᵉ Jay, M. Pédro Gil.

4ᵉ — Avec la lettre : *Y son fieras.* Le cuivre est biseauté.

Le cuivre existe (Académie de San Fernando).

125. — BIEN TE SE ESTÁ (QU'ELLE TE SOIT UN BIEN)

(L. 189 millim. H. 122)

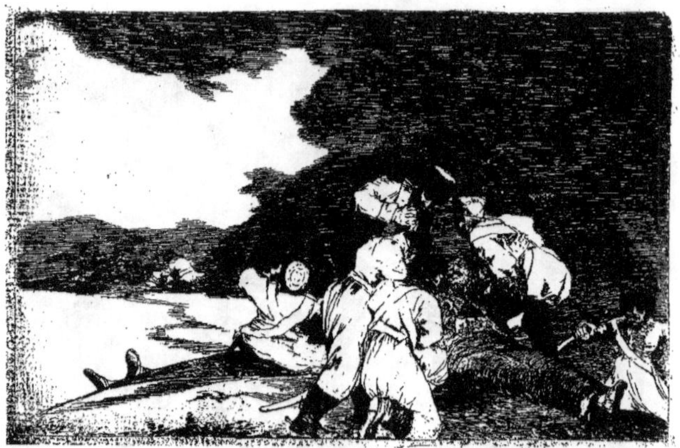

1er Etat.

Planche 6 des Désastres de la Guerre.

1er Etat. A l'eau-forte pure, avant le ton d'aqua-tinte, avant la lettre et avant les numéros. Le cuivre n'est pas biseauté, mais les angles sont déjà arrondis. De toute rareté. **État reproduit.** Kupferstiche Kabinet, Berlin.

2e — Avec le nº 26 dans le B. de la marge à G., et avec un ton d'aqua-tinte réparti sur toute la surface du cuivre, mais encore avant la lettre. Fort rare. **État reproduit.** Bibliothèque Nationale, Madrid, Cabinet des Estampes, Paris, Bibliothèque de l'Université, Paris.

3e — Avec le nº 6, dans le H. à G. Le nº précédent (26) subsiste, mais à demi effacé, et les marges sont nettoyées. Cabinet des Estampes, Paris, Kupferstiche Kabinet, Berlin, Mme Jay, MM. P. Gil, Hofmann fils.

4e — Avec la lettre : *Bien te se esta.* Le cuivre est retouché à l'endroit du corps de l'officier expirant ; de plus il est biseauté.

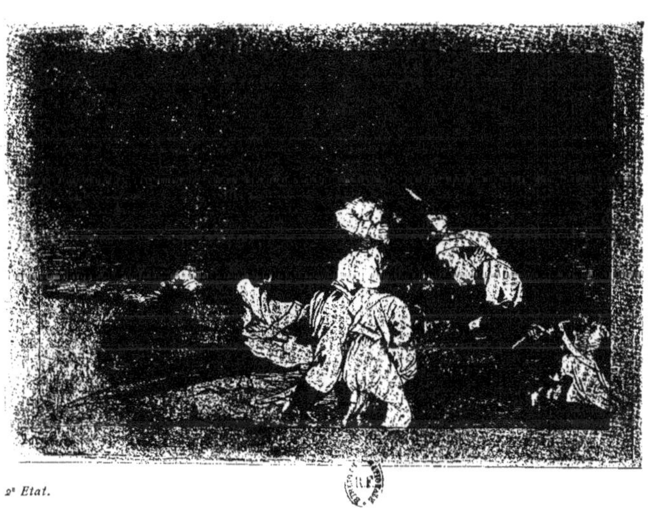

2e Etat.

Enrique Melida suppose que la scène représentée dans la planche 6 des **Désastres de la Guerre** fait allusion à la mort du général français Dupré.

Le cuivre existe (Académie de San Fernando).

126. — QUE VALOR ! (QUEL COURAGE!)

(L. 187 millim. H. 138)

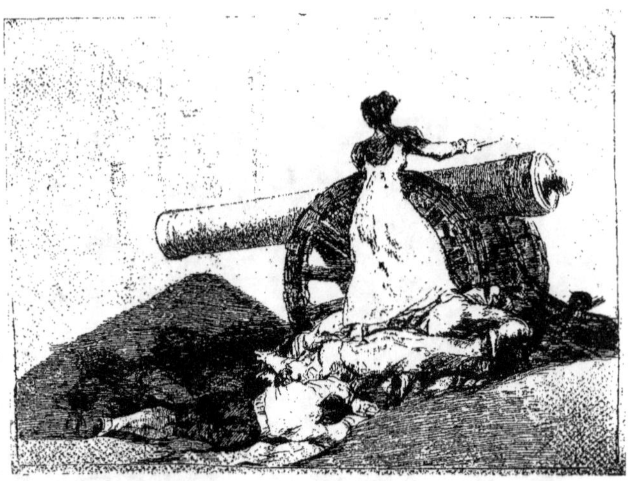

Planche 7 des **Désastres de la Guerre**.

1ᵉʳ Etat.   A l'eau-forte pure, avant la lettre et les numéros. Le cuivre n'est pas biseauté. De toute rareté.

2ᵉ   —   Encore avant la lettre et avant l'aqua-tinte, mais avec le nᵉ 41, au B. à G., en marge. Très rare, Bibliothèque Nationale, Madrid, Cabinet des Estampes, Paris, Bibliothèque de l'Université Paris, Kupferstiche Kabinet, Berlin, Kunsthalle de Brême (épr. de Burty).

3ᵉ   —   Avec le nᵉ 7, dans le H. à G., en marge. Le nᵉ précédent (41) subsiste. Toujours avant la lettre et avant l'aqua-tinte. Très rare. Kupferstiche Kabinet, Berlin, Mᵐᵉ Jay, M. P. Gil.

4ᵉ   —   Avec le ton d'aqua-tinte, mais encore avant la lettre. Rare. Cabinet des Estampes, Paris.

5ᵉ   —   Avec la lettre : *Que valor!* Le cuivre est biseauté.

VENTE : Ph. Burty (Londres, 1876), 2ᵉ état, 17 sh.

Le **Musée** du **Prado** conserve un dessin préparatoire à la sanguine pour cette planche.

Le cuivre existe (Académie de San Fernando).

(L. 194 millim. H. 147)

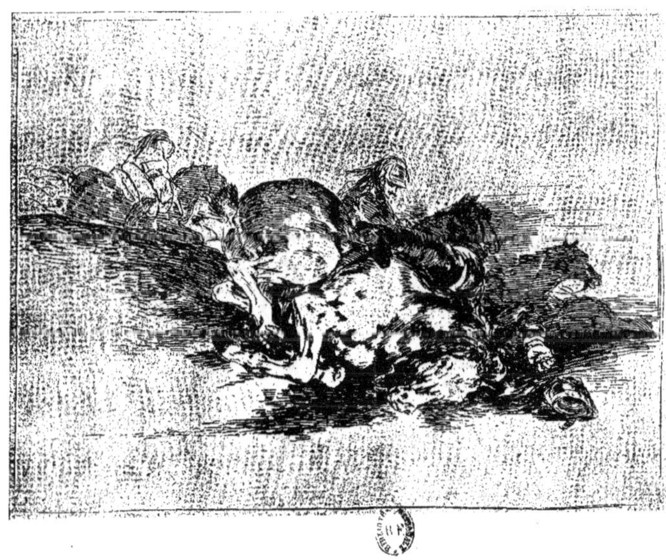

Planche 8 des **Désastres de la Guerre**.

1ᵉʳ Etat. Avant la lettre, avant le n° 8 et avant que le T. C. entourant la composition n'ait été renforcé. Le cuivre n'est pas biseauté. De toute rareté.

2ᵉ — Avec le n° 8 en H. à G., en marge, mais encore avant la lettre et avant le T. C. renforcé. Très rare. Cabinet des Estampes, Paris, Kupferstiche Kabinet, Berlin, Mʳˢ Jay, MM. Pedro Gil, Hofmann fils.

3ᵉ — Le T. C. est renforcé ; avec la lettre : *Siempre sucede*. Le cuivre est biseauté.

Le cuivre existe (Académie de San Fernando).

128. — NO QUIEREN (ELLES NE VEULENT PAS)

(L. 191 millim. H. 140)

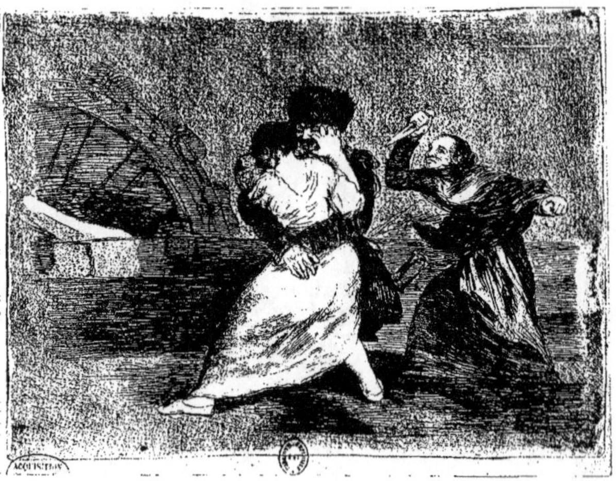

2ᵉ État.

Planche 9 des Désastres de la Guerre.

1ᵉʳ État. A l'eau-forte pure, avant la lettre et avant les numéros. Egalement avant que la draperie entourant le corps de la vieille femme, sous son bras levé, n'ait été un peu élargie; avant quelques fortes tailles obliques sur la robe de la femme aux prises avec le soldat, et avant que l'épaulette de ce soldat ait été agrandie. Le cuivre n'est pas biseauté. De toute rareté.

2ᵉ — Avec un grain d'aqua-tinte couvrant tout le cuivre, mais encore avant la lettre, avant les numéros et avant les retouches indiquées ci-dessus. De toute rareté. État reproduit. Cabinet des Estampes, Paris.

3ᵉ — Avec le n° 29, au B. à G., mais encore avant la lettre. Très rare. Bibliothèque Nationale, Madrid.

4ᵉ — Toujours avant la lettre, mais avec le n° 9, dans le H. à G. Le n° précédent (29) subsiste, mais recouvert de quelques légères tailles. Avec les retouches indiquées au 1ᵉʳ état. État reproduit. Collection de M. Pedro Gil.

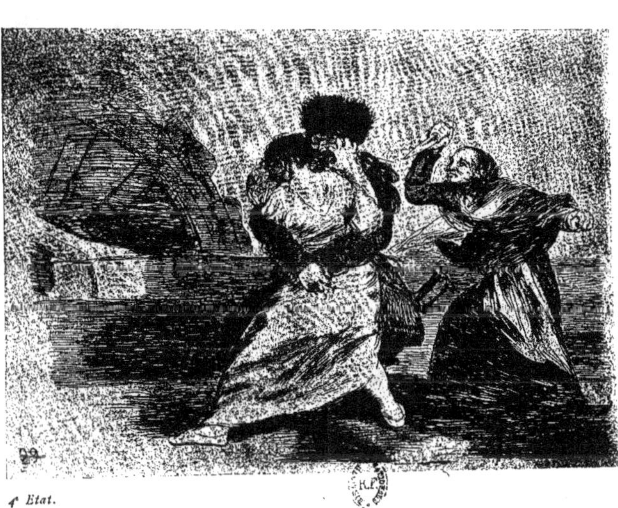

4ᵉ Etat.

5ᵉ Etat. Toujours avant la lettre, mais le grain d'aqua-tinte est renforcé et délimite la composition Rare. Cabinet des Estampes, Paris, Mᵐᵉ Jay.

6ᵉ — Avec la lettre. On lit : *No quiren*, au lieu de : *No quieren*. Le cuivre est biseauté. Très rare. Cabinet des Estampes, Paris, M. J. Hupka.

7ᵉ — La faute dans l'inscription est corrigée. On lit : *No quieren*, mais avant que le ton d'aqua-tinte n'ait été diminué de 2 ou 3 millim. sur le bord latéral gauche du sujet. Tirage de 1863.

8ᵉ — Le ton d'aqua-tinte a été diminué de 2 à 3 millim. sur le bord latéral gauche du sujet. En cet état le chiffre 2 (du n° 29) se détache sur un fond blanc au lieu de se trouver sur le fond d'aqua-tinte. Tirages postérieurs à l'édition de 1863.

Le cuivre existe (Académie de San Fernando).

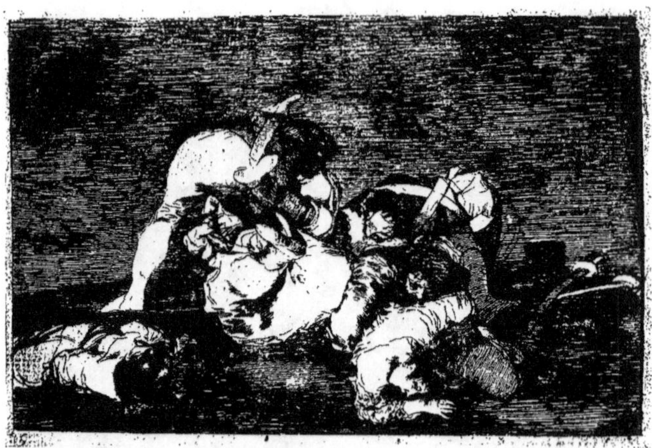

1ᵉʳ État.

Planche 10 des **Désastres de la Guerre**.

1ᵉʳ Etat. Avant la lettre et avant les numéros, mais avec l'initiale G (prise par J. Hofmann pour un 9), au
B. à G. Le cuivre n'est pas biseauté. De toute rareté. L'État reproduit. Cabinet des Estampes,
Paris, Bibliothèque de l'Université, Paris, Kupferstiche Kabinet, Berlin, M. Pedro Gil.

2ᵉ — Avec le n° 19 dans le B. à G. ; pour former le second chiffre de ce n°, l'on s'est servi de l'ini-
tiale G déjà gravée et qui a été complétée pour former un 9. Encore avant la lettre. Fort rare.
Bibliothèque Nationale, Madrid, Cabinet des Estampes, Paris, Bibliothèque de l'Université,
Paris.

3ᵉ — Toujours avant la lettre, mais avec le n° 10 dans le H. à G., en marge. Le n° précédent (19)
subsiste. Rare. Cabinet des Estampes, Paris, Kupferstiche Kabinet, Berlin, Mᵐᵉ Jay, M. Hofmann fils.

4ᵉ — Avec la lettre : *Tampoco*. Le cuivre est sali et usé dans plusieurs endroits ; il est de plus biseauté.

Le cuivre existe (Académie de San Fernando).

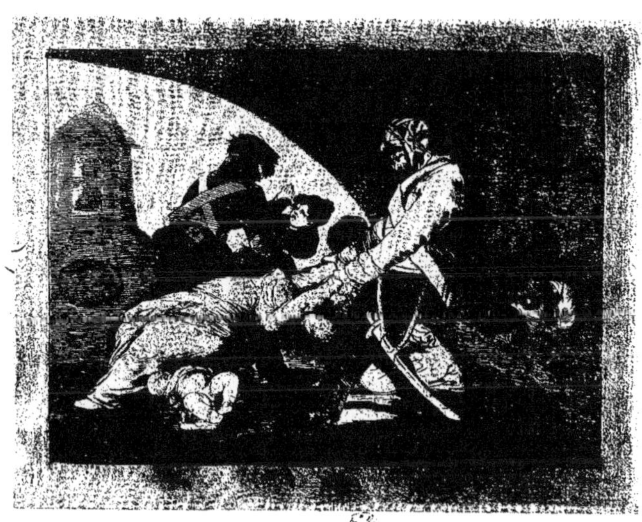

2ᵉ *État.*

Planche 11 des **Désastres de la Guerre**.

1ᵉʳ Etat. Avant la lettre et avant les nᵒˢ. Avec des salissures en marge. Le cuivre n'est pas biseauté. De
toute rareté. Cabinet des Estampes, Paris, Kupferstiche Kabinet, Berlin.

2ᵉ — Avec le nᵒ 18, au B. à G., en marge. Encore avant la lettre et avec les salissures. Fort rare.
L'État reproduit. Bibliothèque Nationale, Madrid, Bibliothèque de l'Université, Paris, M. P.
Gil.

3ᵉ — Avec le nᵘ 11, dans le H. à G. Le nᵒ précédent (18) subsiste. Toujours avant la lettre, mais les
marges sont nettoyées. Rare. Cabinet des Estampes, Paris, Kupferstiche Kabinet, Berlin.

4ᵉ — Avec la lettre : *Ni por esas.*

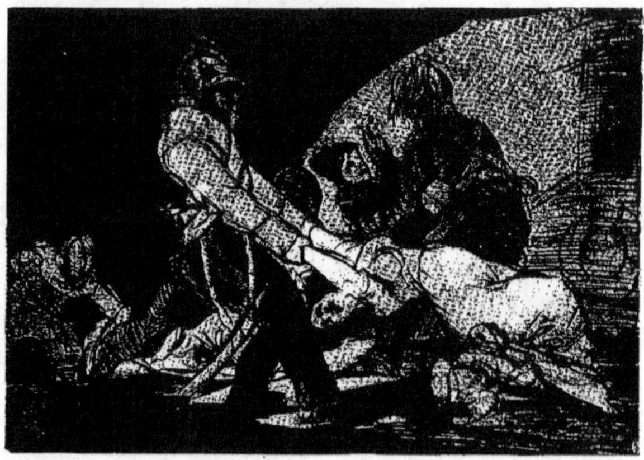

Le **Musée du Prado** conserve un dessin préparatoire à l'encre de Chine pour cette planche ; il est
en sens inverse de la gravure et présente quelques différences ; nous en donnons ci-dessus une reproduction réduite.

Le cuivre existe (Académie de San Fernando).

131. — PARA ESO HABEIS NACIDO

(ÊTES-VOUS DONC NÉ POUR CELA?)

(L. 192 millim. H. 126)

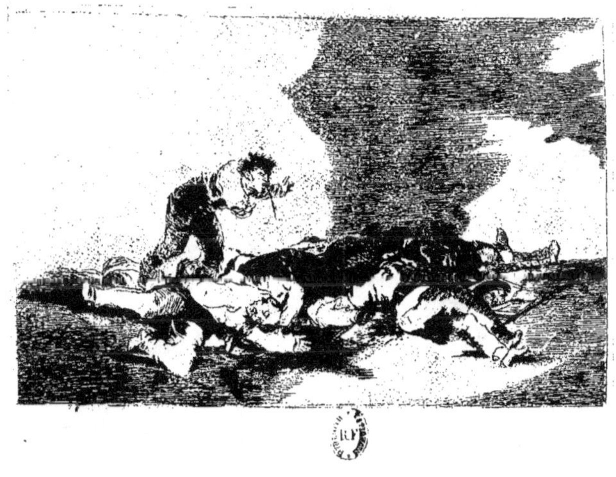

Planche 12 des **Désastres de la Guerre.**

1ᵉʳ État. Avant la lettre et avant les nᵒˢ. De toute rareté. Bibliothèque de l'Université, Paris, Kupferstiche Kabinet, Berlin, M. Pedro Gil.

2ᵉʳ — Encore avant la lettre, mais avec le nᵒ 24, au B. à G., en marge. Fort rare.

3ᵉ — Avec le nᵒ 12, en H. à G., en marge. Le nᵒ précédent (24) subsiste. Toujours avant la lettre. Rare. Cabinet des Estampes, Paris, Kupferstiche Kabinet, Berlin, Mᵉˢ Jay, M. Hofmann fils.

5ᵉ — Avec la lettre : *Para eso habeis nacido.* Le point d'interrogation mentionné par Lefort et Hofmann n'existe pas.

Le Musée du **Prado** conserve un dessin préparatoire à la sanguine pour cette planche.

Le cuivre existe (Académie de San Fernando).

132. — AMARGA PRESENCIA (AMÈRE PRÉSENCE)

(L. 159 millim. H. 127)

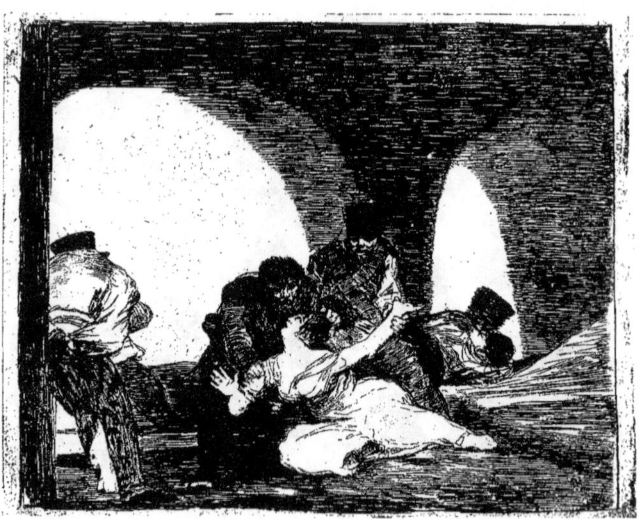

1ᵉʳ Etat.

Planche 13 des **Désastres de la Guerre.**

1ᵉʳ Etat. A l'eau-forte pure, avant un léger ton d'aqua-tinte, avant la lettre, avant les nᵒˢ et avant que le champ du sujet n'ait été un peu réduit dans le bas, vers la gauche. Le cuivre n'est pas biseauté. Fort rare. Bibliothèque Nationale, Madrid, Bibliothèque de l'Université, Paris, Kupferstiche Kabinet, Berlin. **L'État reproduit.**

2ᵉ — Encore avant la lettre et avant les nᵒˢ, mais avec un très léger ton partiel d'aqua-tinte. Très rare. Cabinet des Estampes, Paris. Kupferstiche Kabinet, Berlin, M. P. Gil.

3ᵉ — Encore avant la lettre, mais avec le nᵒ 20, dans le B. à G., en marge. Le champ du sujet en bas est légèrement réduit vers la gauche. Très rare.

4ᵉ — Toujours avant la lettre, mais avec le nᵒ 13, en H. à G., en marge. Le nᵒ précédent (20), subsiste. Rare. Cabinet des Estampes, Paris, Kupferstiche Kabinet, Berlin.

5ᵉ — Avec la lettre. On lit : *Amarga presencia.* Le cuivre est biseauté.

Le cuivre existe (Académie de San Fernando).

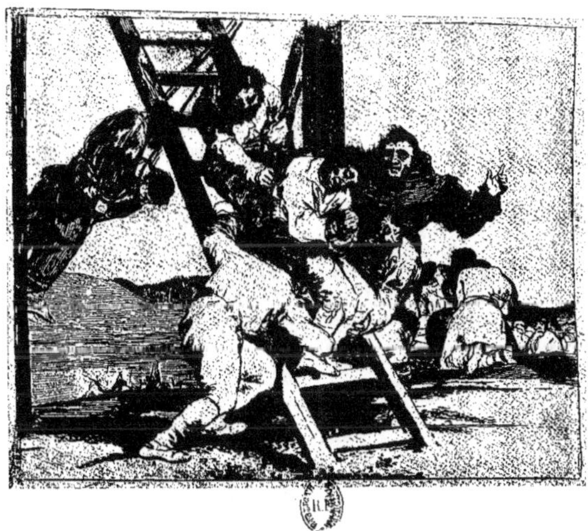

Planche 14 des **Désastres de la Guerre.**

1ᵉʳ Etat. Avant la lettre et avant les nᵒˢ. Le cuivre n'est pas biseauté. De toute rareté. Cabinet des Estampes, Paris, Bibliothèque de l'Université, Paris, Kupferstiche Kabinet, Berlin, M. P. Gil.

2ᵒ — Encore avant la lettre, mais avec le nᵒ 23, au B. à G., en marge. Fort rare.

3ᵉ — Toujours avant la lettre, mais avec le nᵒ 14, en H. à G., en marge. Le nᵒ précédent (23) subsiste. Rare. Cabinet des Estampes, Paris, Kupferstiche Kabinet, Berlin, Mᵐᵉ Jay, M. Hofmann fils.

4ᵒ — Avec la lettre : *Duro es el paso !* Le cuivre est biseauté. (Lefort, ni Hofmann ne mentionnent le point d'exclamation).

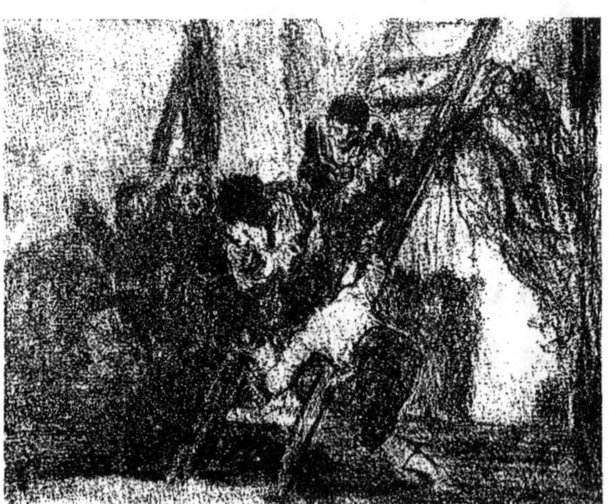

Cette pièce est gravée au verso du cuivre (coupé en deux tronçons) de la **Chute d'eau**, décrite ci-avant, sous le n° 23.

Le **Musée** du **Prado** conserve un dessin préparatoire à la sanguine pour cette planche ; il est en sens inverse de l'estampe et présente des variantes ; nous en donnons ci-dessus le fac-simile réduit.

———

Melida suppose que cette scène fait allusion au massacre de Français qui eut lieu à Valma, sur les excitations du chanoine Calvo.

———

Le cuivre existe (Académie de San Fernando).

(L. 154 millim. H. 127)

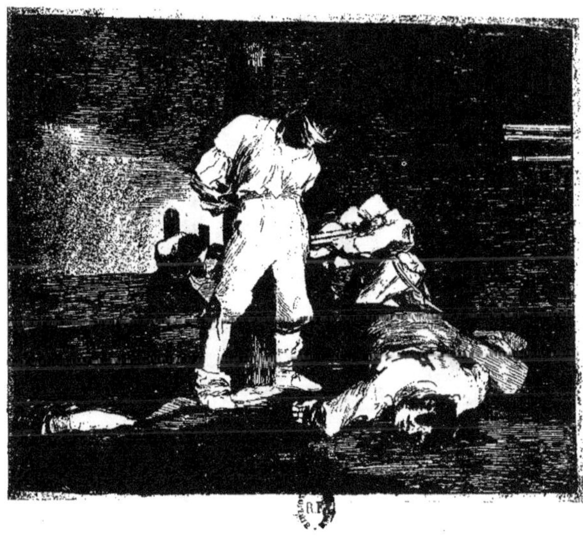

Planche 15 des **Désastres de la Guerre**.

1ᵉʳ Etat. Avant la lettre et avant les nᵒˢ. Le cuivre n'est pas biseauté. De toute rareté. Bibliothèque Nationale, Madrid, Cabinet des Estampes, Paris, Bibliothèque de l'Université, Paris, Kupferstiche
Kabinet, Berlin, MM. Pedro Gil, Hofmann fils.

2ᵉ — Avec le nᵒ 22 au B. à G., en marge. Encore avant la lettre. Fort rare.

3ᵉ — Avec le nᵒ 15 en H. à G., en marge. Le nᵒ précédent (22) subsiste, mais le plus souvent il n'a
pas été encré. Toujours avant la lettre. Rare. Cabinet des Estampes, Paris, Kupferstiche
Kabinet, Berlin, Mᵐᵉ Jay, M. Hofmann fils.

4ᵉ — Avec la lettre : *Y no hai remedio*. Le cuivre est biseauté.

« Sobre de composition et émotionnante à l'extrême, cette pièce mérite d'être citée comme une des
« meilleures estampes de la série. » (A. de Beruete.)

Le cuivre existe (Académie de San Fernando).

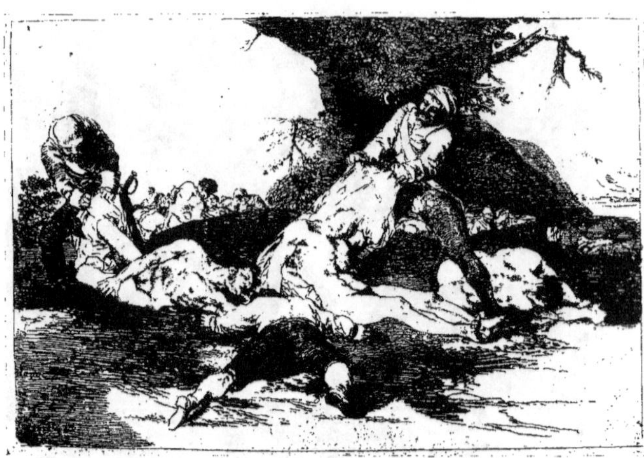

1er Etat.

Planche 16 des **Désastres de la Guerre**.

1er Etat. Avant la lettre, avant les n^{os} et avant quelques retouches sur le terrain, vers la droite, entre les deux cadavres du premier plan. Le cuivre n'est pas biseauté. Très rare. L'**État** reproduit. Bibliothèque Nationale, Madrid, Cabinet des Estampes, Paris, Kupferstiche Kabinet, Berlin, Kunsthalle de Bréme, MM. P. Gil, M^{ce} Pereire (épreuve d'Engel-Gros).

2e — Encore avant la lettre, mais avec le n° 4, dans le B. à G., en marge. Fort rare.

3e — Toujours avant la lettre, mais avec le n° 16 (le chiffre 6 à rebours) en H. à G. Le n° précédent (4) subsiste, mais le plus souvent mal encré. Rare. Cabinet des Estampes, Paris.

4e — Avec la lettre : *Se aprovechan.* Le cuivre est biseauté.

VENTES : P. Lefort (1869), 1er état, 17 fr.; Engel-Gros (1921), 1er état, 1.100 fr.

Le **Musée** du **Prado** conserve un dessin préparatoire à la sanguine pour cette planche.

Le cuivre existe (Académie de San Fernando).

136. — NO SE CONVIENEN (ILS NE S'ACCORDENT PAS)

(L. 194 millim. H. 129)

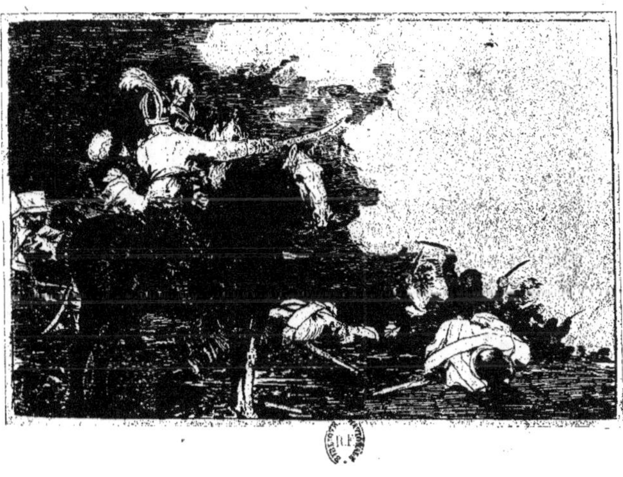

Planche 17 des **Désastres de la Guerre.**

1er État.   Avant la lettre et avant les nos. Le cuivre n'est pas biseauté. Fort rare. Bibliothèque Nationale,
Madrid, Bibliothèque de l'Université, Paris, Kupferstiche Kabinet, Berlin, MM Pedro Gil,
Hofmann fils.

2e   —   Avec le n° 17 au B. à G., en marge. Encore avant la lettre. Fort rare.

3e   —   Toujours avant la lettre: mais le n° 17 est répété en H. à G., en marge. Très rare. Cabinet des
Estampes, Paris, Kupferstiche Kabinet, Berlin, Mre Jay, M. Hofmann fils.

4e   —   Avec la lettre : *No se convienen.* Le cuivre est biseauté.

Le cuivre existe (Académie de San Fernando).

(L. 197 millim. H. 133)

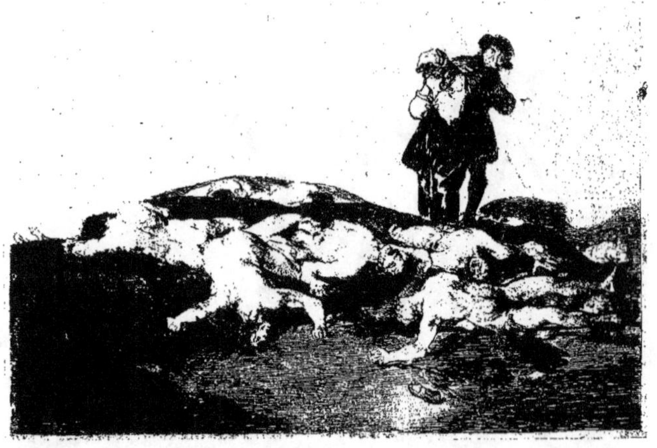

Planche 18 des **Désastres de la Guerre**.

1ᵉʳ État.   Avant un léger ton d'aqua-tinte, avant la lettre et avant les nᵒˢ. Fort rare. Kupferstiche Kabinet, Berlin.

2ᵉ —   Encore avant la lettre et avant les nᵒˢ, mais avec un léger ton d'aqua-tinte dans le ciel, débordant le sujet à gauche. Très rare. Cabinet des Estampes, Paris, Bibliothèque de l'Université, Paris, M. P. Gil.

3ᵉ —   Avec le nᵒ 16, dans le B. à G., en marge. Encore avant la lettre. Très rare.

4ᵉ —   Avec le nᵒ 18, en H. à G., en marge. Le nᵒ précédent (16) subsiste. Toujours avant la lettre. Rare. Cabinet des Estampes, Paris, Kupferstiche Kabinet, Berlin.

5ᵉ —   Avec la lettre. On lit : *Enterrar y callar*.

Le **Musée du Prado** conserve un dessin préparatoire à la sanguine pour cette planche.

Le cuivre existe (Académie de San Fernando).

138. — YA NO HAY TIEMPO (IL N'EST DÉJA PLUS TEMPS)

(L. 198 millim. H. 130)

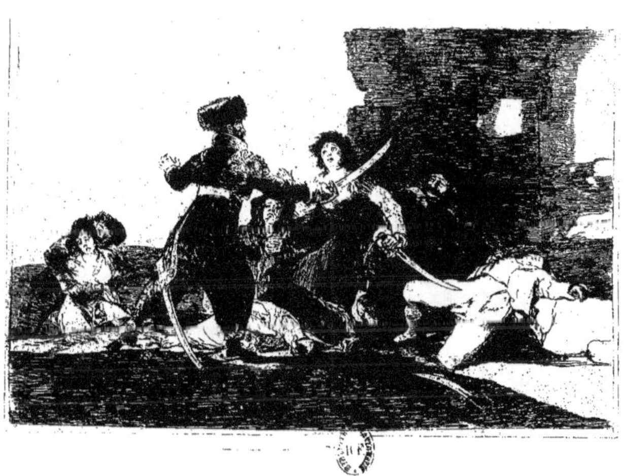

Planche 19 des **Désastres de la Guerre**.

1er Etat. Avant un léger ton d'aqua-tinte, avant la **lettre** et avant les nos. Le cuivre n'est pas biseauté. Fort rare. Bibliothèque de l'Université, Paris, Kupferstiche Kabinet, Berlin, MM Pedro Gil, Hofmann fils.

2e — Avec le n° 21, au B. à G., en marge. Encore avant la lettre. Fort rare.

3e — Avec le n° 19, en H. à G., en marge. Le n° précédent (21) subsiste. Toujours avant la lettre. Rare. Cabinet des Estampes, Paris.

4e — Avec la lettre : *Ya no hay tiempo*. Le cuivre est biseauté.

VENTE : P. Lefort (1869), 1er état, 15 fr. 50.

Le Musée du Prado conserve un dessin préparatoire à la sanguine pour cette planche; nous en donnons ci-dessus une reproduction réduite.

Le cuivre existe (Académie de San Fernando).

139. — CURARLOS, Y À OTRA (LES GUÉRIR ET PUIS A UN AUTRE)

(L. 192 millim. H. 121)

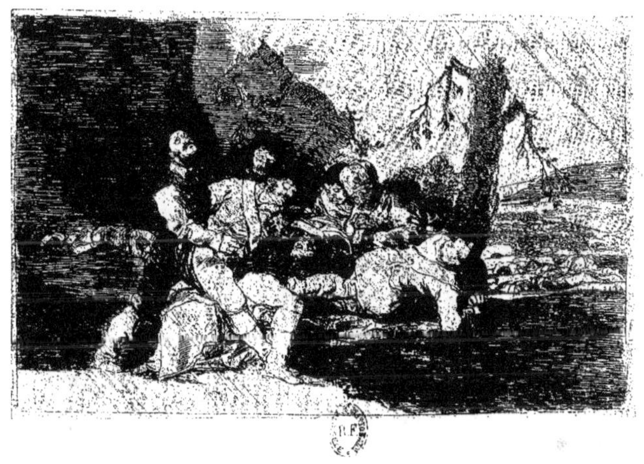

Planche 20 des Désastres de la Guerre.

1ᵉʳ Etat.   Avant la lettre et avant les nᵒˢ. Fort rare. Bibliothèque Nationale, Madrid, Cabinet des Estampes, Paris, Bibliothèque de l'Université, Paris, Kupferstiche Kabinet, Berlin, M. P. Gil.

2ᵉ   —   Avec le nᵒ 8, au B. à G., en marge. Encore avant la lettre. Fort rare.

3ᵉ   —   Avec le nᵒ 20, en H. à G., en marge. Le nᵒ précédent (8) subsiste, mais il n'est pas toujours encré. Toujours avant la lettre. Rare. Cabinet des Estampes, Paris, Kupferstiche Kabinet, Berlin.

4ᵉ   —   Avec la lettre : *Curarlos, y á otra.*

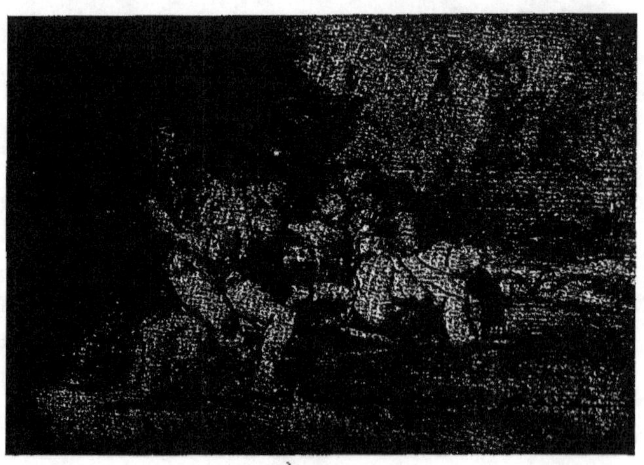

Le Musée du Prado conserve deux dessins préparatoires à la sanguine, avec variantes, pour cette planche ; nous reproduisons l'un d'eux, celui qui se rapproche le plus de la gravure.

Le cuivre existe (Académie de San Fernando).

(L. 193 millim. H. 125)

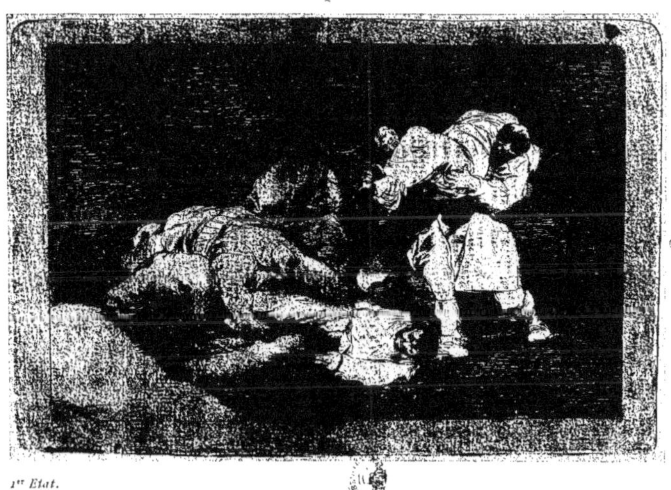

1er Etat.

Planche 21 des **Désastres de la Guerre.**

1er Etat.   Avant la lettre et avant les n°s; avec des salissures débordant les marges du cuivre. Le cuivre
n'est pas biseauté. De toute rareté. **L'État reproduit.** Bibliothèque Nationale, Madrid.

2e   —   Encore avant la lettre, mais avec le n° 25, dans le B. à G., et avec les salissures débordant
encore en marges. Fort rare. Cabinet des Estampes, Paris, Bibliothèque de l'Université,
Paris.

3e   —   Avec le n° 21, en H. à G., en marge ; le n° précédent (25) subsiste. Toujours avant la lettre.
Cabinet des Estampes, Paris, Kupferstiche Kabinet, Berlin, Mⁿ Jay, M. Pedro Gil.

4e   —   Avec la lettre. On lit ; *Serà lo mismo*. Le cuivre est biseauté.

Le cuivre existe (Académie de San Fernando).

141. — TANTO Y MAS (TANT ET PLUS)

(L. 198 millim. H. 124)

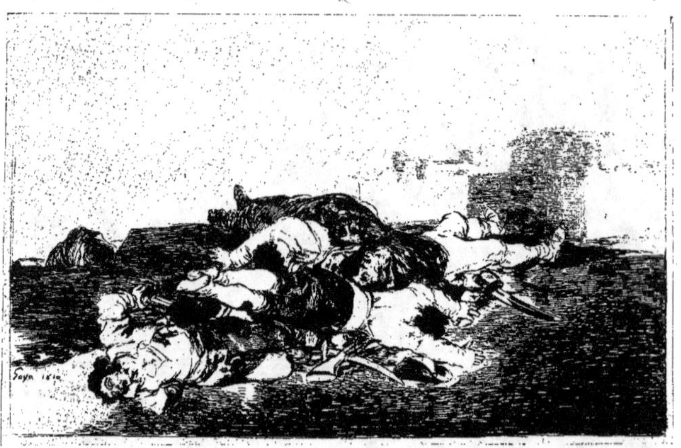

Planche 22 des **Désastres de la Guerre.**

1ᵉʳ Etat.   Avant la lettre et avant les nᵒˢ. Fort rare. Cabinet des Estampes, Paris, Bibliothèque de l'Université, Paris, M. Pedro Gil.

2ᵉ — Avec le nᵒ 7, au B. à G., dans la marge. Encore avant la lettre. Fort rare.

3ᵉ — Avec le nᵒ 22, en H. à G., en marge. Le nᵒ précédent (7) subsiste, mais parfois mal encré. Le cuivre est biseauté et deux angles arrondis. Rare. Cabinet des Estampes, Paris, Kupferstiche Kabinet, Berlin, Mʳˢ Jay.

4ᵉ — Avec la lettre : *Tanto y mas.* Les quatre angles du cuivre sont arrondis.

Le **Musée du Prado** conserve un dessin préparatoire à la sanguine pour cette planche.

Le cuivre existe (Académie de San Fernando).

142. — LO MISMO EN OTRAS PARTES
(LA MÊME CHOSE SUR UN AUTRE POINT)

(L. 197 millim. H. 123).

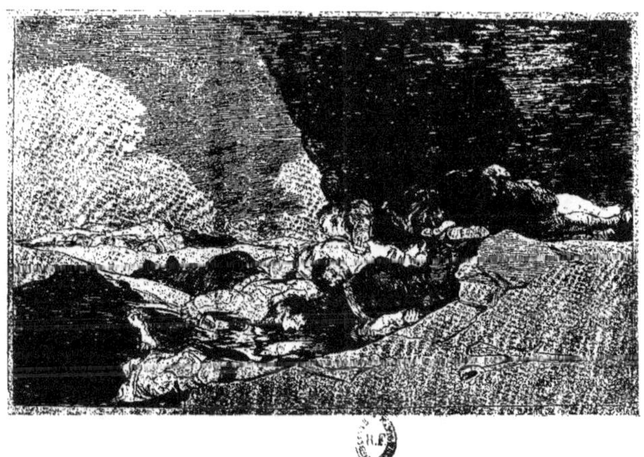

Planche 23 des **Désastres de la Guerre**.

1er État.   Avant la lettre et avant les nᵒˢ. Le cuivre n'est pas biseauté. Fort rare. Bibliothèque Nationale,
Madrid, Cabinet des Estampes, Paris, Bibliothèque de l'Université, Paris, M. P. Gil.

2ᵉ   —   Avec le nᵒ 14, au B. à G., en marge, mais encore avant la lettre. Fort rare.

3ᵉ   —   Avec le nᵒ 23, en H. à G., en marge. Le nᵒ précédent (14) subsiste. Le cuivre est biseauté.
Toujours avant la lettre. Cabinet des Estampes, Paris, Kupferstiche Kabinet, Berlin,
M. Hofmann fils.

4ᵉ   —   Avec la lettre : *Lo mismo en otras partes.*

Le **Musée du Prado** conserve un dessin préparatoire à la sanguine, avec quelques variantes, pour
cette planche.

Le cuivre existe (Académie de San Fernando).

(L. 211 millim. H. 130)

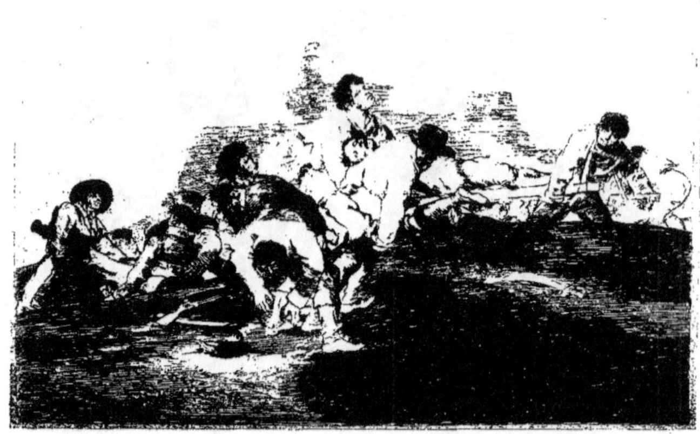

1er État

Planche 24 des Désastres de la Guerre.

1er Etat.　Avant la lettre, avant les nos et avant que le T. C. n'ait été renforcé, dans le H. notamment. Fort rare. L'État reproduit. Bibliothèque Nationale, Madrid, Bibliothèque de l'Université, Paris, Kunsthalle de Brême (épr. de Burty), M. Pedro Gil.

2e　—　Avec le nº 12, au B. à G., en marge. Encore avant la lettre. Fort rare.

3e　—　Avec le nº 24, en H. à G., en marge. Le nº précédent (12) subsiste. Rare. Cabinet des Estampes, Paris, Kupferstiche Kabinet, Berlin.

4e　—　Avec la lettre : *Aun podrán servir*. Le cuivre est biseauté.

VENTE : Ph. Burty (Londres, 1876), 1er état, 1 £ 3 sh.

Le Musée du Prado conserve un dessin préparatoire à la sanguine pour cette planche.

Le cuivre existe (Académie de San Fernando)

(L. 194 millim. H. 117)

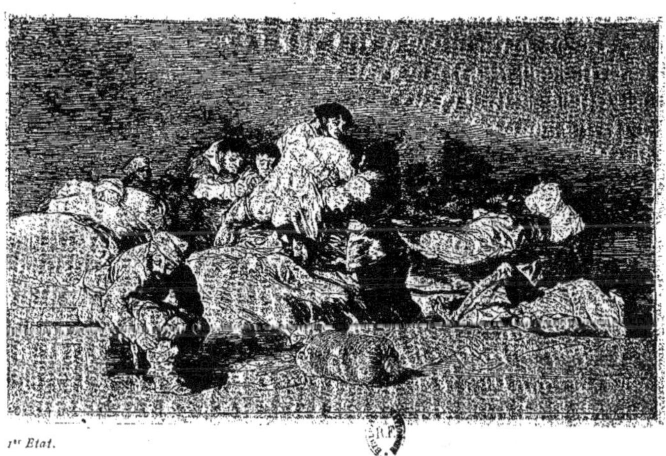

1er Etat.

Planche 25 des **Désastres de la Guerre**.

1er Etat.   Avant la lettre, avant les n^{os}, même *avant* le nom de Goya sur le lit à G., contre le T. C. De
toute rareté. Bibliothèque de l'Université, Paris. **L'État reproduit.**

2e   —   Encore avant la lettre et avant les n^{os}, mais *avec* la signature de Goya. Fort rare. Bibliothèque
Nationale, Madrid, Cabinet des Estampes, Paris, M. Pedro Gil.

3e   —   Avec le n° 13 au B. à G., dans la marge. Encore avant la lettre. Très rare.

4e   —   Avec le n° 25, en H. à G., en marge. Le n° précédent (13) subsiste, mais parfois mal encré.
Toujours avant la lettre. Rare. Cabinet des Estampes, Paris, Kupferstiche Kabinet, Berlin,
Mrs Jay.

5e   —   Avec la lettre : *Tambien estos.* Le cuivre est biseauté.

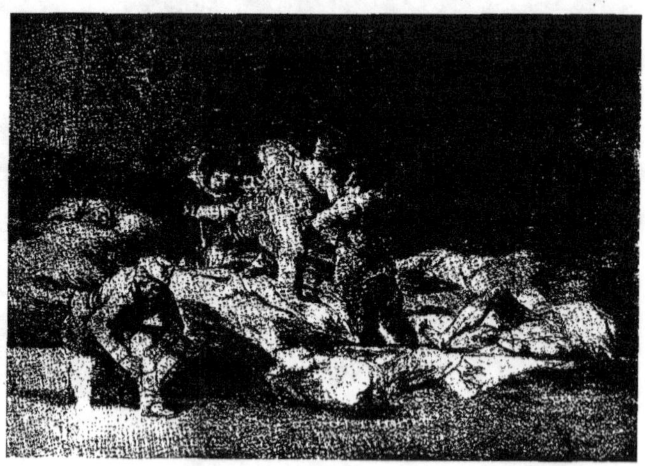

Le Musée du **Prado** conserve un dessin préparatoire à la sanguine pour cette planche; nous en donnons ci-dessus une reproduction réduite.

Le cuivre existe (Académie de San Fernando).

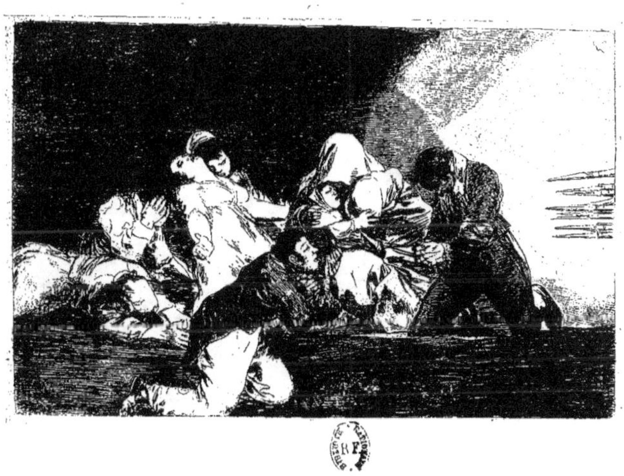

Planche 26 des **Désastres de la Guerre**.

1er Etat. Avant la lettre, avant les n^{os} et avant le ton d'aqua-tinte sur le ciel. Le cuivre n'est pas biseauté. De toute rareté. Kupferstiche Kabinet, Berlin.

2e — Avec le n° 27, au B. à G., en marge. Encore avant la lettre, mais avec un ton d'aqua-tinte sur le ciel. Très rare. Bibliothèque Nationale, Madrid, Cabinet des Estampes, Paris, Bibliothèque de l'Université, Paris, M. P. Gil.

3e — Avec le n° 26 (le chiffre 6 à rebours), en H. à D., en marge. Le n° précédent (27) subsiste. Toujours avant la lettre. Cabinet des Estampes, Paris. Très rare.

4e — Avec la lettre. On lit : *No se puede mirar*. Le cuivre est biseauté.

Cette planche, l'une des plus belles et des plus tragiques de la série, a été reproduite dans le Goya, de P. Lafond, puis dans les **Grands Peintres-Graveurs depuis Rembrandt jusqu'à Whistler** (Studio, hiver 1913-1914).

Le cuivre existe (Académie de San Fernando).

(L. 194 millim. H. 130)

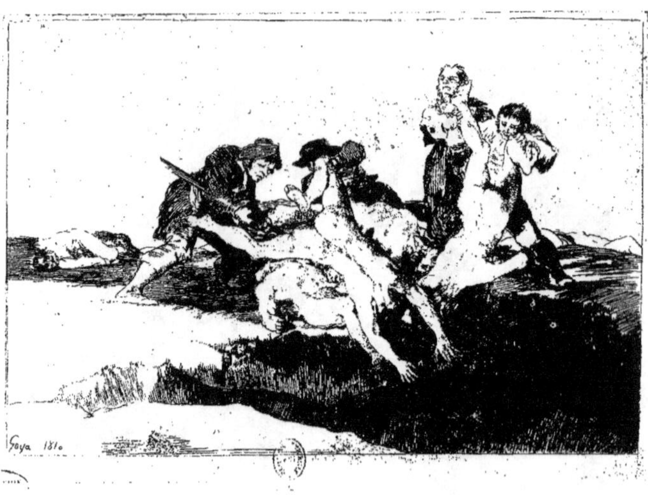

1ᵉʳ État.

Planche 27 des **Désastres de la Guerre**.

1ᵉʳ État.   Avant la lettre, avant les nᵒˢ et avant divers travaux sur les corps que l'on précipite, ainsi que
sur le terrain à gauche qui est presque complètement blanc. De toute rareté. L'État reproduit.
Cabinet des Estampes, Paris.

2ᵉ —   Encore avant la lettre et les nᵒˢ, mais avec les travaux désignés ci-dessus. Fort rare. Bibliothèque
Nationale, Madrid, Bibliothèque de l'Université, Paris, Kupferstiche Kabinet, Berlin,
M. P. Gil.

3ᵉ —   Avec le nᵒ 11, au B. à G., en marge, mais encore avant la lettre. Très rare. Bibliothèque Nationale, Madrid.

4ᵉ —   Avec le nᵒ 27, en H. à G., en marge. Le nᵒ précédent (11) subsiste, mais parfois mal encré.
Toujours avant la lettre. Rare. Cabinet des Estampes, Paris, Kupferstiche Kabinet, Berlin.

5ᵉ —   Avec la lettre : *Caridad*.

Le **Musée du Prado** conserve un dessin préparatoire à la sanguine pour cette planche.

Le cuivre existe (Académie de San Fernando).

147. — POPULACHO (POPULACE)

(L. 197 millim. H. 149)

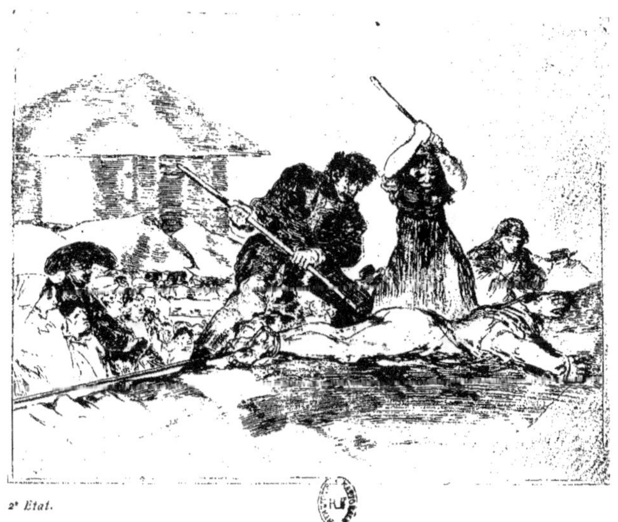

2ᵉ *État.*

Planche 28 des **Désastres de la Guerre.**

1ᵉʳ État. Avant l'aqua-tinte, avant la lettre, avant le nº et avant quelques travaux sur le terrain à gauche
au-dessous de la corde, puis avant une dizaine de tailles horizontales sur le devant, vers la
droite. Le T. C. est interrompu en H. et à D. Le cuivre n'est pas biseauté. De toute rareté.

2ᵉ — Encore avant les retouches, mais avec le nº 28, en H. à G., en marge. Fort rare. L'État reproduit. Collection de M. Pedro Gil.

3ᵉ — Avec le ton d'aqua-tinte et avec les additions mentionnées au 1ᵉʳ état. Encore avant la lettre.
Rare. Cabinet des Estampes, Paris, Kupferstiche Kabinet, Berlin.

4ᵉ — Avec la lettre : *Populacho.* Le cuivre est biseauté.

Enrique Melida suppose que cette pièce fait allusion à la mort du marquis de Parales qui fut lapidé
par le peuple de Madrid.

Le Musée du Prado conserve un dessin préparatoire à la sanguine pour cette planche.

Le cuivre existe (Académie de San Fernando).

148. — LO MERECIA (IL LE MÉRITAIT)

(L. 203 millim. H. 150)

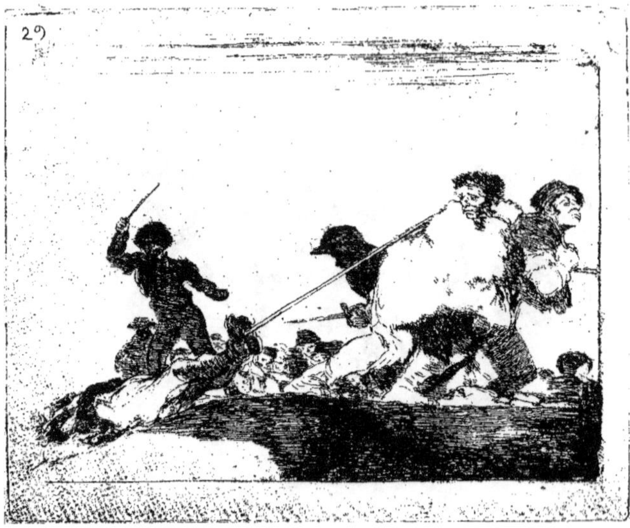

2° *Etat.*

Planche 29 des **Désastres de la Guerre.**

1ᵉʳ Etat.   Avant le ton d'aqua-tinte, avant la lettre, avant le n° et avec des travaux sur le ciel qui ont été, par la suite, en partie effacés. Le T. C. n'est formé ni à gauche, ni en haut. Également avant quatre fortes tailles obliques sur la tête du personnage du second plan, à D., aux deux tiers masqué par le terrain. Le cuivre n'est pas biseauté. De toute rareté.

2° — Encore avant les retouches et avant le ton d'aqua-tinte, mais avec le n° 29, en H. à G., en marge. Avant la lettre. Très rare. L'État reproduit. Bibliothèque de l'Université, Paris, M. Pedro Gil.

3° — Avec les additions indiquées ci-dessus et avec le ton d'aqua-tinte, mais encore avant la lettre. Rare. Cabinet des Estampes, Paris.

5° — Avec la lettre : *Lo merecia.* Le cuivre est biseauté.

Le **Musée du Prado** conserve un dessin préparatoire à la sanguine, avec variante, pour cette planche.

Le cuivre existe (Académie de San Fernando).

(L. 157 millim. H. 127)

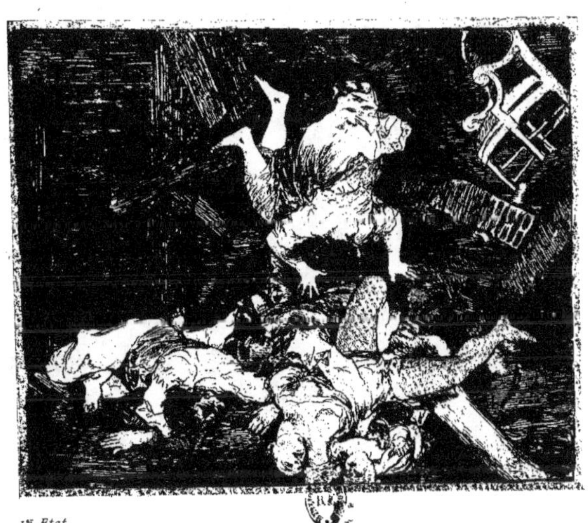

1er Etat.

Planche 30 des Désastres de la Guerre.

———

1er Etat.   Avant la lettre et avant les nᵒˢ. Le cuivre n'est pas biseauté. Fort rare. **L'État reproduit.** Bibliothèque Nationale, Madrid, Bibliothèque de l'Université, Paris, Kupferstiche Kabinet, Berlin.
M. P. Gil.

2ᵉ   —   Avec le nᵒ 21, au B. à G., en marge, mais encore avant la lettre. Fort rare.

3ᵉ   —   Avec le nᵒ 30, en H. à G., en marge. Le nᵒ précédent (21) subsiste. Toujours avant la lettre.
Cabinet des Estampes, Paris, Kupferstiche Kabinet, Berlin.

4ᵉ   —   Avec la lettre : *Estragos de la guerra.* Le cuivre est usé par endroits et a subi quelques
retouches.

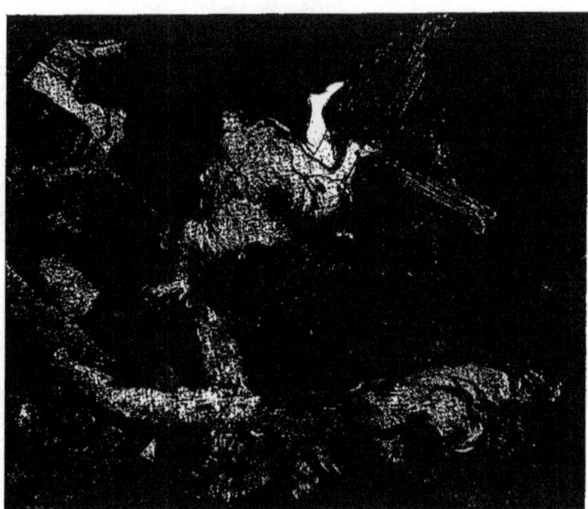

Cette pièce est gravée au verso du cuivre (coupé en deux tronçons) de la **Chute d'eau**, décrite ci-avant sous le n° 23.

Le **Musée du Prado** conserve un dessin préparatoire à l'encre de Chine pour cette planche; il est en sens inverse de l'estampe; nous en donnons ci-dessus une reproduction légèrement réduite.

Le cuivre existe (Académie de San Fernando).

150. — FUERTE COSA ES! (VOILA QUI EST FORT)

(L. 190 millim. H. 137)

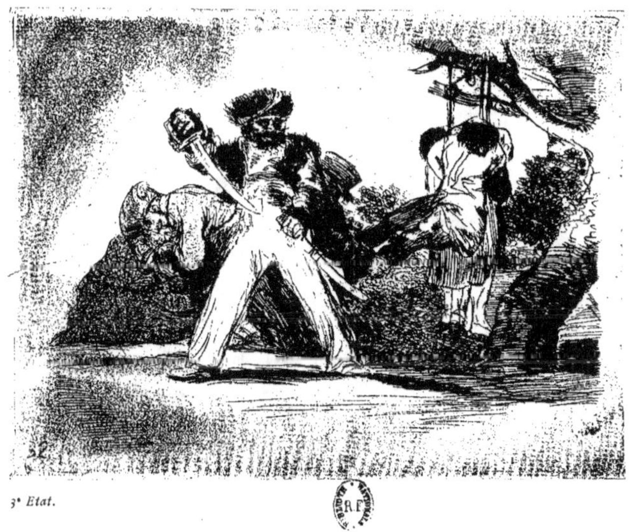

3ᵉ *Etat.*

Planche 31 des **Désastres de la Guerre.**

1ᵉʳ Etat. Avant le ton d'aqua-tinte, avant des travaux à la pointe sèche sur la robe de la femme au second plan à gauche, sur le soldat qui tente de l'embrasser, ainsi que sur les corps et les jambes des pendus; également avant la lettre et avant les nᵒˢ. Le cuivre n'est pas biseauté. Fort rare. Cabinet des Estampes, Paris, Bibliothèque Nationale, Madrid.

2ᵉ — Avec un ton partiel d'aqua-tinte, mais encore avant les retouches à la pointe sèche mentionnées ci-dessus, avant les nᵒˢ et avant la T. C. Fort rare. Cabinet des Estampes, Paris.

3ᵉ — Avec le nᵒ 32, au B. à G., mais avant la lettre, avant le T. C. et toujours avant les retouches à la pointe sèche. Très rare. **L'État reproduit.** Bibliothèque Nationale, Madrid (épr. de Carderera), Bibliothèque de l'Université, Paris, M. Pedro Gil.

4ᵉ — Avec le ton d'aqua-tinte renforcé, avec les retouches à la pointe sèche, avec la T. C., et avec le nᵒ 31, en H. à G. Le nᵒ précédent (32) subsiste. Rare. Cabinet des Estampes, Paris.

5ᵉ — Avec la lettre : *Fuerte cosa es!* Le cuivre est biseauté.

Le cuivre existe (Académie de San Fernando).

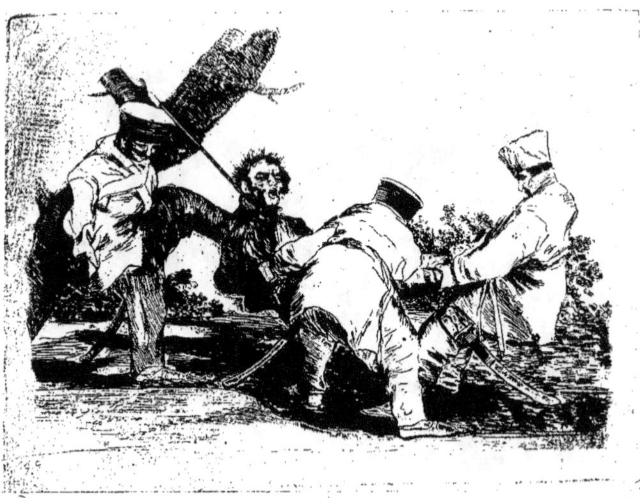

3ᵉ *Etat.*

Planche 32 des **Désastres de la Guerre.**

1ᵉʳ Etat. Avant le ton d'aqua-tinte, avant la lettre et avant les nᵒˢ. Le cuivre n'est pas biseauté. De toute
rareté.

2ᵉ — Avec le nᵒ 49, au B. à G. Encore avant la lettre et avant le ton d'aqua-tinte. Fort rare.

3ᵉ — Avec le nᵒ 32, en H. à G. Le nᵉ précédent (49) subsiste, mais le plus souvent mal encré.
Toujours avant la lettre et avant le ton général d'aqua-tinte. Très rare. L'État reproduit.
Collection de M. Pedro Gil.

4ᵉ — Avec l'addition d'un grain d'aqua-tinte; encore avant la lettre. Rare. Cabinet des Estampes,
Paris.

5ᵉ — Avec la lettre : *Por qué?* Le chiffre 32 est renforcé. Le cuivre est biseauté.

Le cuivre existe (Académie de San Fernando).

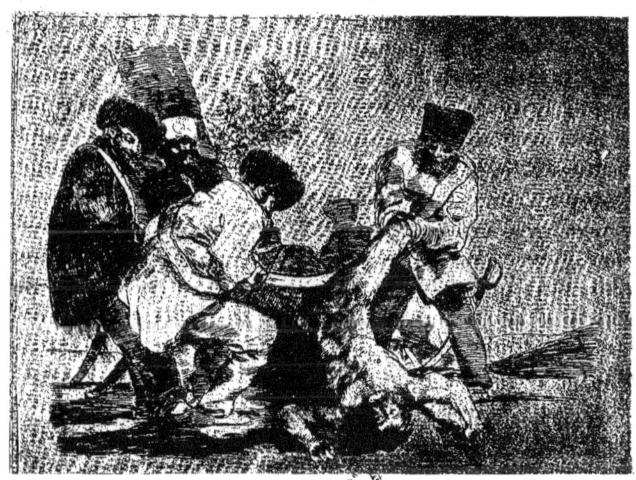

3ᵉ Etat.

Planche 33 des **Désastres de la Guerre.**

1ᵉʳ Etat.   Avant la lettre, avant les nᵒˢ et avant le T. C. Le cuivre n'est pas biseauté. De toute rareté.

2ᵉ   —   Encore avant la lettre et avant le T. C., mais avec le nᵒ **42**, au B. à G. Fort rare.

3ᵉ   —   Avec le nᵒ 33, en H. à G. Le nᵉ précédent (42) subsiste, mais souvent mal encré. Toujours avant la lettre et avant le T. C. Très rare. **L'État reproduit.** Cabinet des Estampes, Paris, Kupferstiche Kabinet, Berlin, M. Pedro Gil.

4ᵉ   —   Avec la lettre : *Qué hai que hacer mas?* et avec le T. C. Le cuivre est biseauté.

Le cuivre existe (Académie de San Fernando).

153. — POR UNA NAVAJA (POUR UN COUTEAU)

(L. 187 millim. H. 138)

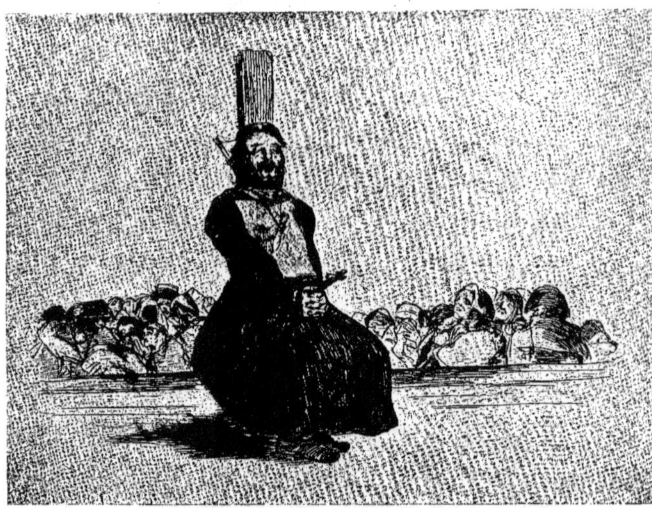

1er Etat.

Planche 34 des **Désastres de la Guerre.**

1er Etat. Avant la lettre, avant le T. C., avant le n° et avant de nombreuses tailles horizontales sur la plate-forme, ainsi que sur quelques-unes des figures du second plan, et avant les contre-tailles à la pointe sèche sur la pancarte du condamné. Le cuivre n'est pas biseauté. Fort rare. **L'État reproduit.** Bibliothèque Nationale, Madrid, Bibliothèque de l'Université, Paris, Kupferstiche Kabinet, Berlin.

2° — Encore avant la lettre et avant le n°, mais avec de nouveaux travaux. Fort rare. Cabinet des Estampes, Paris.

3° — Avec le n° 34, tracé dans le H. à G., et avec de nombreuses tailles horizontales sur la plupart des figures du second plan, ainsi que sur la plate-forme ; de plus, la robe du garotté est élargie dans le bas, à gauche, et des traits obliques à la pointe sèche sont ajoutés sur la pancarte. Le T. C. est partiellement et légèrement indiqué. Très rare.

4° — Avec l'indication d'un ciel, très légèrement indiqué, le plus souvent par des tailles obliques de droite à gauche. Très rare. Cabinet des Estampes, Paris, M. P. Gil.

5° — Tout le ciel est effacé et le T. C. est complété et renforcé. Encore avant la lettre, mais avec des tailles horizontales ajoutées sur la robe du garotté. Très rare. Kupferstiche Kabinet, Berlin.

6° — Avec la lettre. On lit : *Por una nabaja.* Les contre-tailles obliques à la pointe sèche sur la pancarte ont disparu. Très rare. Collection du Dr J. Hupka.

7° — On lit : *navaja* au lieu de : *nabaja.* Sans autre différence.

Le cuivre existe (Académie de San Fernando).

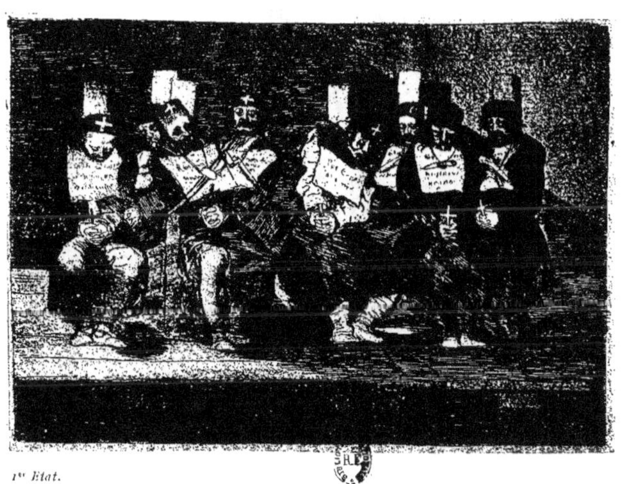

1ᵉʳ État.

Planche 35 des **Désastres de la Guerre**.

———

1ᵉʳ État. Avant la lettre, avant les nᵒˢ, avant les contre-tailles à la pointe sèche sur diverses parties de la
planche, notamment entre les deux patients de gauche et sur le deuxième portant ; également
avant les contre-tailles sur les robes de sept personnages (sur huit). Très rare. Le cuivre n'est
pas biseauté. L'État reproduit. Bibliothèque Nationale, Madrid, Cabinet des Estampes, Paris,
Bibliothèque de l'Université, Paris, Kupferstiche Kabinet, Berlin, M. Pedro Gil.

2ᵉ — Avec le nᵒ 2 ou 22 ? au B. à G., en marge. Encore avant la lettre. Fort rare.

3ᵉ — Avec le nᵒ 35, en H. à G., en marge. Le nᵒ précédent subsiste, mais à peine visible. Rare. Cabinet des Estampes, Paris, Kupferstiche Kabinet, Berlin.

4ᵉ — Avec la lettre : *No se puede saber por qué*. Le cuivre est biseauté.

———

Le cuivre existe (Académie de San Fernando).

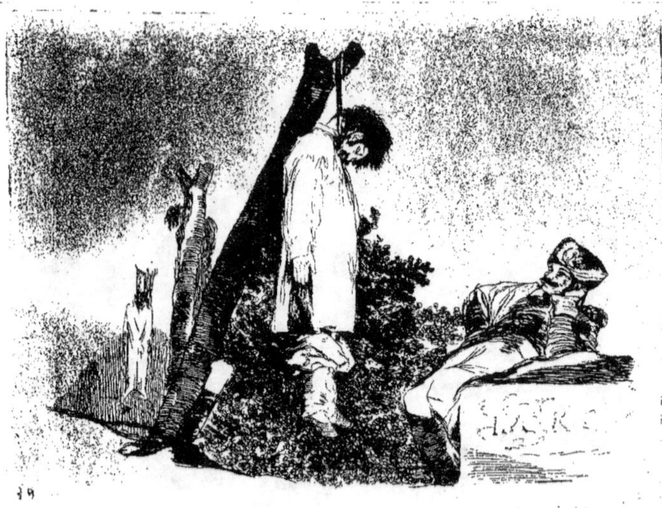

2° État.

Planche 36 des Désastres de la Guerre.

1ᵉʳ État.   Avant la lettre, avant les nᵒˢ, avant le T. C. et avant l'indication d'un nouveau pli au bas de la chemise du pendu du premier plan ; avant quelques tailles rajoutées par la suite dans la partie ombrée du bras du même personnage, ainsi que sur sa cuisse, son cou, etc. ; également avant l'indication des phalanges de la main du même supplicié. Le cuivre n'est pas biseauté. De toute rareté.

2ᵉ   —   Avec le nᵒ 39 au B. à G. Sans autre différence. Fort rare. Kupferstiche Kabinet, Berlin. L'État reproduit.

3ᵉ   —   Avec le nᵒ 36 en H. à G. Le nᵒ précédent (39) subsiste. Encore avant le T. C. et avant la lettre, mais avec les retouches indiquées au 1ᵉʳ état. Rare. Cabinet des Estampes, Paris, Bibliothèque de l'Université, Paris, M. Pedro Gil.

4ᵉ   ...   Avec la lettre : *Tampoco*, et avec un T. C. entourant la composition. Le ton d'aqua-tinte est renforcé. Le cuivre est biseauté, les angles sont arrondis.

Le cuivre existe (Académie de San Fernando).

(L. 186 millim. H. 139)

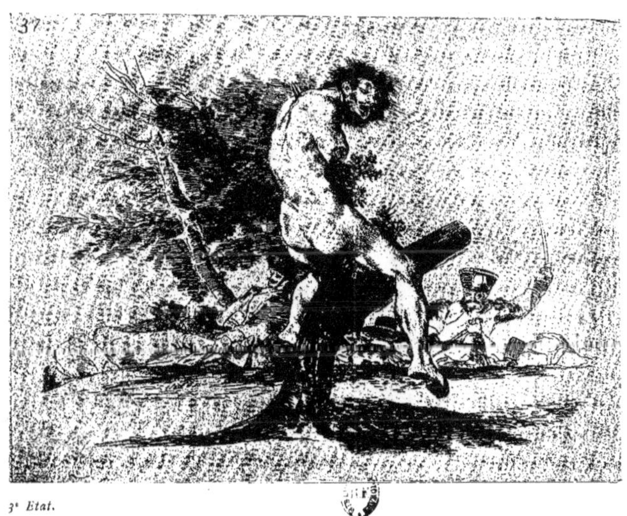

3ᵉ *Etat.*

Planche 37 des **Désastres de la Guerre.**

1ᵉʳ Etat. A l'eau-forte pure, avant le ton d'aqua-tinte et avant les travaux à la pointe sèche sur la jambe droite de l'homme empalé. Egalement avant la lettre et avant les nᵒˢ. Le cuivre n'est pas biseauté. De toute rareté. Kupferstiche Kabinet, Berlin.

2ᵉ — Avec le nᵒ 32 au B. à G. Encore avant la lettre et avant le fond d'aqua-tinte, mais avec les travaux à la pointe sur la jambe de l'homme empalé. Fort rare.

3ᵉ — Encore avant le ton d'aqua-tinte, mais avec le nᵒ 37 en H. à G. Le nᵒ précédent (32) subsiste, mais généralement mal encré. Très rare. **L'État reproduit.** Collection de M. Pedro Gil.

4ᵉ — Avec le ton d'aqua-tinte formant fond, mais encore avant la lettre. Rare. Cabinet des Estampes, Paris.

5ᵉ — Avec la lettre : *Esto es peor.* Le cuivre est biseauté.

Le cuivre existe (Académie de San Fernando).

157. — BARBAROS! (BARBARES !)

(L. 189 millim. H. 137)

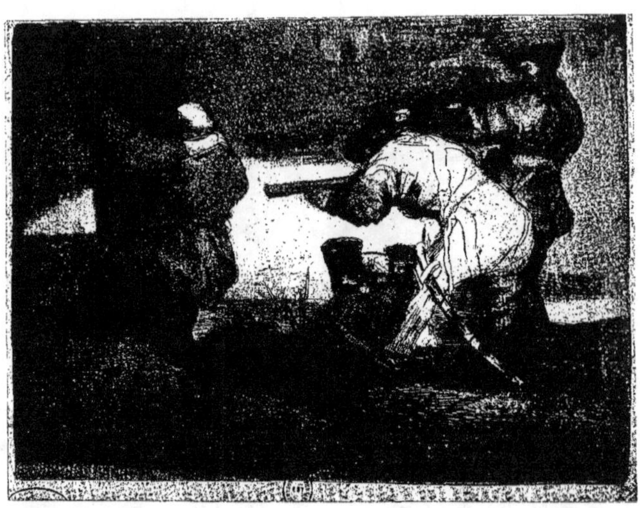

2ᵉ État.

Planche 38 des **Désastres de la Guerre;**

1ᵉʳ Etat. A l'eau-forte pure, avant la lettre, avant les nᵒˢ, avant le T. C. et avant le changement dans la forme de l'habit du premier soldat. Le cuivre n'est pas biseauté. De toute rareté.

2ᵉ — Avec un ton d'aqua-tinte réparti sur la surface de la planche, mais encore avant la lettre, avant les nᵒˢ, avant le T. C. et avant la retouche. De toute rareté. Cabinet des Estampes, Paris. **L'État reproduit.**

3ᵉ — Avec le nᵒ 57 au B. à G. Sans autre différence. Fort rare.

4ᵉ — Avec le nᵒ 38, en H. à G. Toujours avant la lettre et avant le T. C. La forme du vêtement du premier soldat est changée et a l'aspect d'une capote masquant en grande partie la jambe du second militaire. Fort rare. Cabinet des Estampes, Paris, M. Pedro Gil.

5ᵉ — Avec un T. C. Encore avant la lettre, mais avec une marge de 8 à 9 millim. ménagée pour la légende. Rare.

6ᵉ — Avec la lettre : *Barbaros!* Le cuivre est biseauté.

Le cuivre existe (Académie de San Fernando).

158. — GRANDE HAZANA ! CON MUERTOS !
(GRANDE PROUESSE! CONTRE DES MORTS!)

(L. 187 millim. H. 138)

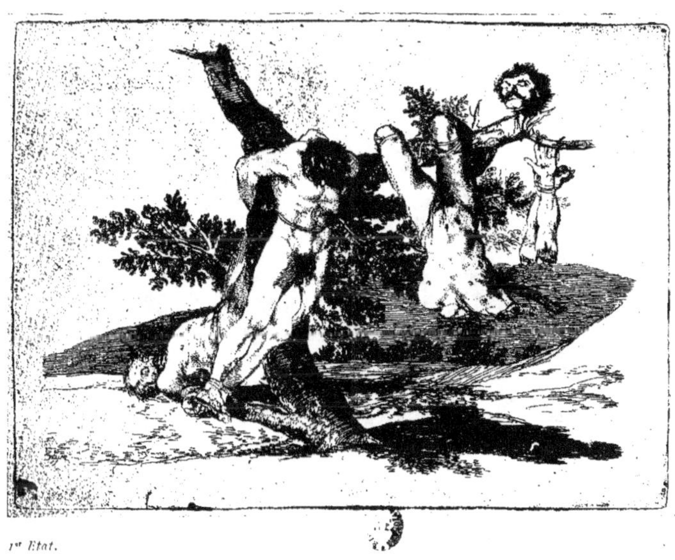

1er État.

Planche 39 des **Désastres de la Guerre**.

1er État. Avant la lettre, avant les n^os, avant le T. C. et avant divers travaux à la pointe sèche sur deux des torses des suppliciés. Le cuivre n'est pas biseauté. De toute rareté. L'État reproduit. Kupferstiche Kabinet, Berlin.

2e — Avec le n° 51 au B. à G., mais encore avant la lettre et avant le T. C. Fort rare.

3e — Avec le n° 39 en H. à G. Le n° précédent (51) subsiste. Toujours avant la lettre et avant le T. C., mais avec les retouches. Cabinet des Estampes, Paris, Mrs Jay, M. P. Gil.

4e — Avec la lettre : *Grande hazaña con muertos !* et le T. C. entourant la composition. Le cuivre est biseauté. Très rare. Collection du Dr J. Hupka.

5e — La légende corrigée se lit : *Grande hazaña ! Con muertos !* Sans autre différence.

Le cuivre existe (Académie de San Fernando).

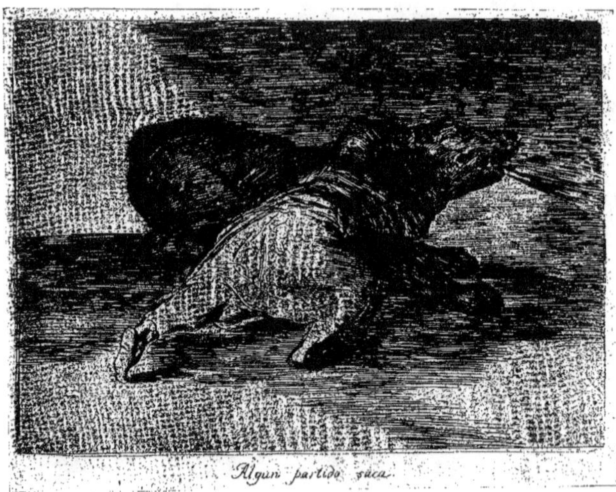

4ᵉ Etat.

Planche 40 des **Désastres de la Guerre.**

1ᵉʳ Etat.   Avant le ton d'aqua-tinte, avant la lettre et avant le n° 40. Le cuivre n'est pas biseauté. De toute
rareté.

2ᵉ   —   Avec le n° 40, en H. à G., en marge, mais encore avant la lettre et avant le ton d'aqua-tinte.
Très rare. Bibliothèque Nationale, Madrid, M. P. Gil.

3ᵉ   —   Encore avant la lettre, mais avec le ton d'aqua-tinte. Rare. Cabinet des Estampes, Paris, Kupferstiche Kabinet, Berlin, M. Hofmann fils.

4ᵉ   —   Avec la lettre. Le cuivre est biseauté. L'État reproduit.

Le cuivre existe (Académie de San Fernando).

160. — ESCAPAN ENTRE LAS LLAMAS
(ILS S'ÉCHAPPENT A TRAVERS LES FLAMMES)
(L. 197 millim. H. 133)

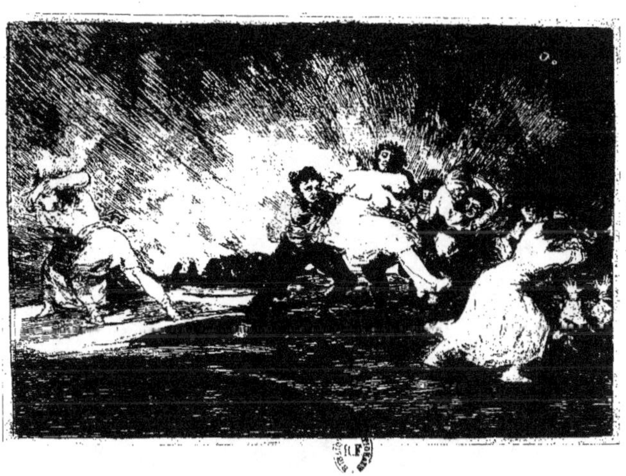

Planche 41 des **Désastres de la Guerre**.

1ᵉʳ Etat.   Avant la lettre, avant les nᵒˢ et avant une quinzaine de tailles horizontales au-dessus de l'ombre du terrain à gauche, coupant la partie lumineuse contre le T. C. à G., à la hauteur de l'*astérisque*. De toute rareté.

2ᵉ — Encore avant la lettre et avant les nᵒˢ, mais avec les tailles mentionnées ci-dessus. Fort rare. Bibliothèque de l'Université, Paris, Kupferstiche Kabinet, Berlin, M. P. Gil.

3ᵉ — Avec le nᵒ 10, au B. à G., en marge, mais encore avant la lettre. Fort rare.

4ᵉ — Avec le nᵒ 41, en H. à G., en marge. Le nᵒ précédent (10) subsiste. Toujours avant la lettre. Très rare. Cabinet des Estampes, Paris, Mʳˢ Jay, M. Hofmann fils.

5ᵉ — Avec la lettre : *Escapan entre las llamas.*

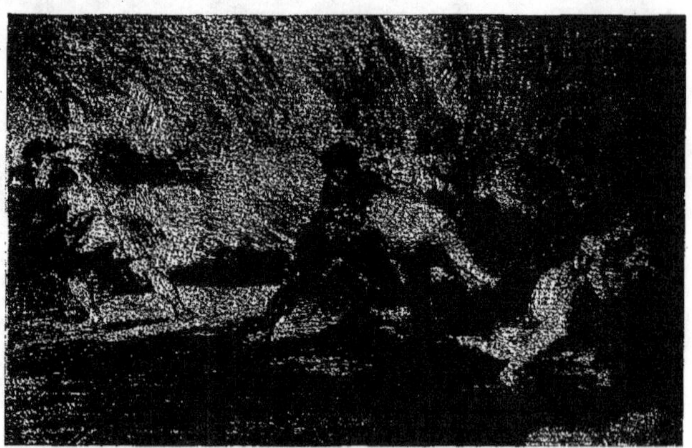

VENTE : Anonyme (3 avril 1922), 1ᵉʳ état, mal conservé, 135 fr.

———

Le **Musée du Prado** conserve un dessin préparatoire à la sanguine pour cette planche présentant quelques variantes ; nous en donnons ci-dessus le fac-simile réduit.

———

A. de Beruete croit que cette planche représente l'incendie et le sac de Torquemada, lors de la marche de l'armée française sur Valladolid.

———

Le cuivre existe (Académie de San Fernando).

(L. 201 millim. H. 154)

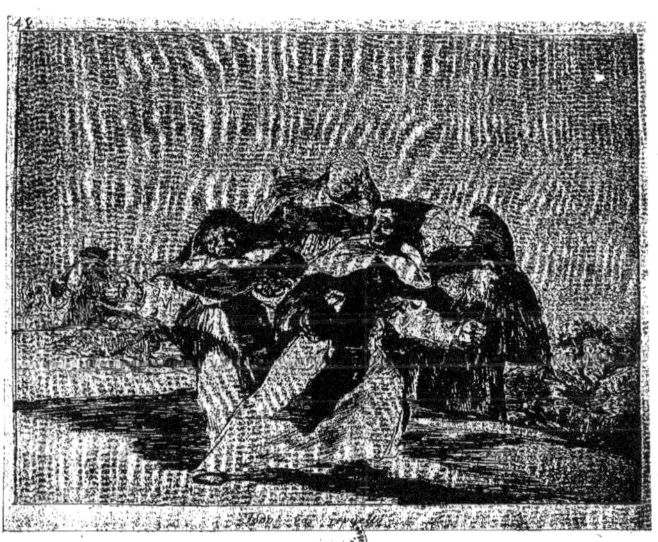

3ᵉ Etat.

Planche 42 des **Désastres de la Guerre**.

1ᵉʳ Etat.   Avant la lettre, avant le nº et avant quo le T. C. n'ait été renforcé et complété. Le cuivre n'est pas biseauté. De toute rareté.

2ᵉ   —   Avec le nº 42, en H. à G., en marge, mais encore avant la lettre et avant le T. C. complété. Très rare. Cabinet des Estampes, Paris, Kupferstiche Kabinet, Berlin, Mʳˢ Jay, M. P. Gil.

3ᵉ   —   Avec la lettre; le T. C. est complété. Le cuivre est biseauté. **L'État reproduit.**

Le **Musée du Prado** conserve un dessin préparatoire à la sanguine pour cette planche.

Le cuivre existe (Académie de San Fernando).

162. — TAMBIEN ESTO (ET AUSSI CELA)

(L. 193 millim. H. 138)

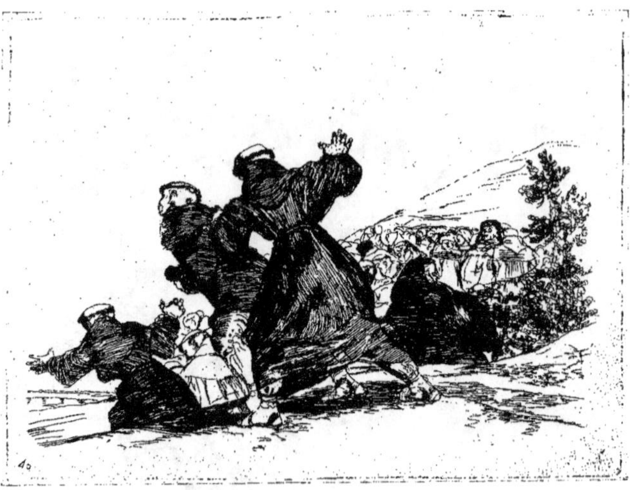

2º *Etat.*

Planche 43 des **Désastres de la Guerre.**

1ᵉʳ Etat. Avant le ton d'aqua-tinte, avant la lettre, avant les nᵒˢ et avant le T. C. entourant la composition. Le cuivre n'est pas biseauté. De toute rareté.

2º — Avec le nº 40, au B. à G., avant un léger ton d'aqua-tinte, avant la lettre et avant le T. C. Très
rare. **L'Etat reproduit.** Bibliothèque Nationale, Madrid, Cabinet des Estampes, Paris, Bibliothèque de l'Université, Paris, M. Pedro Gil.

3º — Avec le ton d'aqua-tinte et avec le nº 43 en H. à G. Le nº précédent (40) subsiste. Toujours avant
la lettre et avant le T. C. entourant la composition. Rare. Cabinet des Estampes, Paris, Kupferstiche Kabinet, Berlin.

4º — Avec la lettre : *Tambien esto*, et avec le T. C. Le cuivre est biseauté.

Le Musée du Prado possède un dessin préparatoire à la sanguine pour cette planche ; il présente
plusieurs variantes.

Le cuivre existe (Académie de San Fernando).

163. — YO LO VI (J'AI VU CELA)
(L. 195 millim. H. 125)

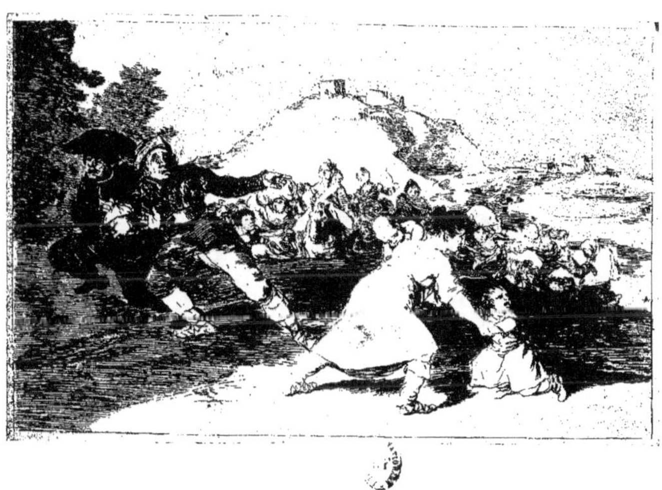

Planche 44 des **Désastres de la Guerre.**

1ᵉʳ État.   Avant la lettre et avant les nᵒˢ. Très rare. Cabinet des Estampes, Paris, Bibliothèque de l'Université, Paris, Kupferstiche Kabinet, Berlin, M. Pedro Gil.

2ᵉ   —   Encore avant la lettre, mais avec le nᵒ 15, au B. à G., en marge. Fort rare.

3ᵉ   —   Toujours avant la lettre, mais avec le nᵒ 44, en H. à G., en marge. Le nᵒ précédent (15) subsiste. Rare. Cabinet des Estampes, Paris.

4ᵉ   —   Avec la lettre. On lit : *Yo lo vi.*

Cette planche a été reproduite dans le **Francisco Goya,** de Kurt Bertels (1907).

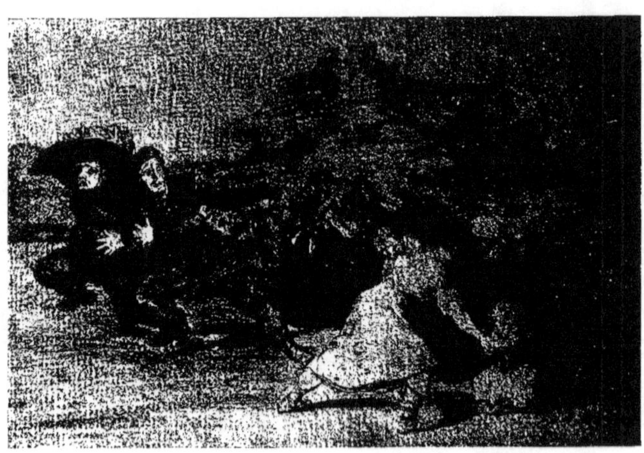

Le **Musée du Prado** conserve le dessin préparatoire de Goya pour la 44ᵉ planche des **Désastres de la Guerre**; nous en donnons ci-dessus la reproduction.

———

« *Yo lo vi*. He ahi el secreto de estas composiciones. El grabador ha visto las escenas, las ha
« sentido, y después, artista maravilloso, ha sabido dotar a sus creaciones de la emoción intensa que él
« sufrió. La imaginación mas rica, en efecto, no podria inventor gestos, actitudes, detalles que aparencen
« a cada momento en la colección de « Los Desastres de la Guerra. » (*A. de Beruete*.)

(Je l'ai vu. C'est là le secret de ses compositions. Le graveur a vu ces scènes, les a senties, et après,
artiste merveilleux, a su faire passer dans ses créations l'émotion intense qu'il a ressentie. L'imagination
la plus riche ne peut, en effet, inventer gestes, attitudes, détails qui apparaissent à chaque instant dans
les Désastres de la Guerre).

———

Le cuivre existe (Académie de San Fernando).

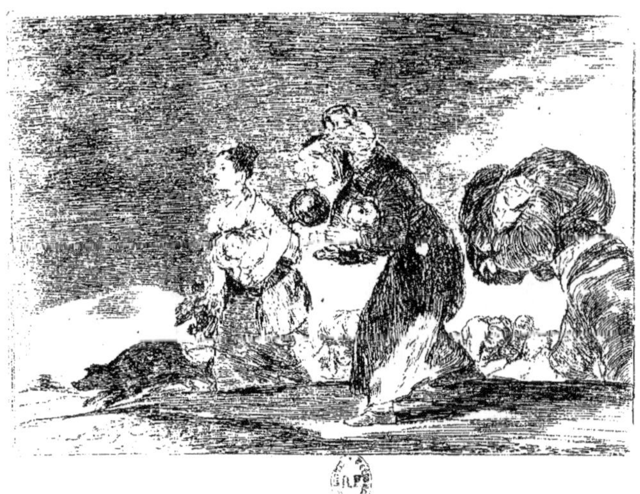

Planche 45 des Désastres de la Guerre.

1er Etat.   Avant le ton d'aqua-tinte, avant la lettre et avant le nº. Le cuivre, non biseauté, a des salissures
en marges. De toute rareté. Cabinet des Estampes, Paris.

2e   —   Encore avant le ton d'aqua-tinte et avant la lettre, mais avec le nº 45, au B. à G., en marge.
Fort rare. Collection de M. Pedro Gil.

3e   —   Avec le ton d'aqua-tinte, mais encore avant la lettre. Rare. Cabinet des Estampes, Paris.

4e   —   Avec la lettre : *Y esto tambien*. Le cuivre est biseauté.

Le Musée du Prado possède le dessin préparatoire à la sanguine pour cette planche.

Le cuivre existe (Académie de San Fernando).

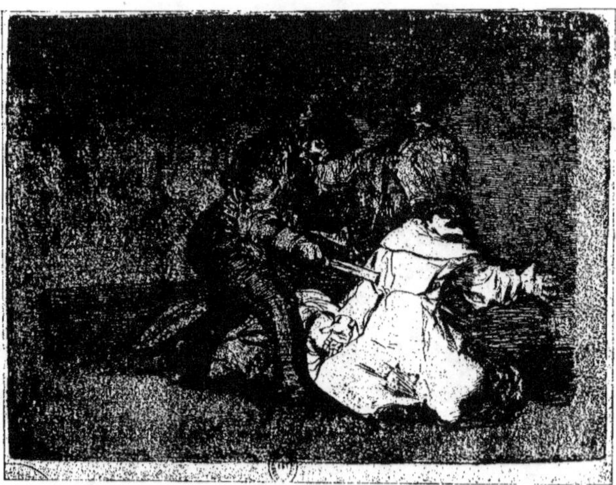

1ᵉʳ Etat.

Planche 46 des **Désastres de la Guerre.**

1ᵉʳ Etat. Avec un grain d'aqua-tinte couvrant toute la surface de la planche, mais avant la lettre, avant les nᵒˢ, et avant que le contour du personnage derrière le moine n'ait été modifié, ainsi que la culotte du soldat perçant le moine. De toute rareté. **L'État reproduit.** Cabinet des Estampes, Paris.

2ᵉ — Avec le nᵒ 53, au B. à G. Encore avant la lettre. Fort rare.

3ᵉ — Avec le nᵒ 46, en H. à G. Le nᵉ précédent (53) subsiste, parfois mal encré. Encore avant la lettre, mais avec des grattages sur la culotte du soldat qui perce le moine et avec l'addition de tailles au bas de cette culotte formant alors bottes; de plus, le contour du personnage debout derrière le moine, est modifié et amplifié à droite. Très rare. Cabinet des Estampes, Paris, M. P. Gil.

4ᵉ — Avec la lettre : *Esto es malo.* Le cuivre est biseauté.

Le cuivre existe (Académie de San Fernando).

166.ᵉ— ASI SUCEDIÓ (C'EST ARRIVÉ AINSI)

(L. 187 millim. H. 139)

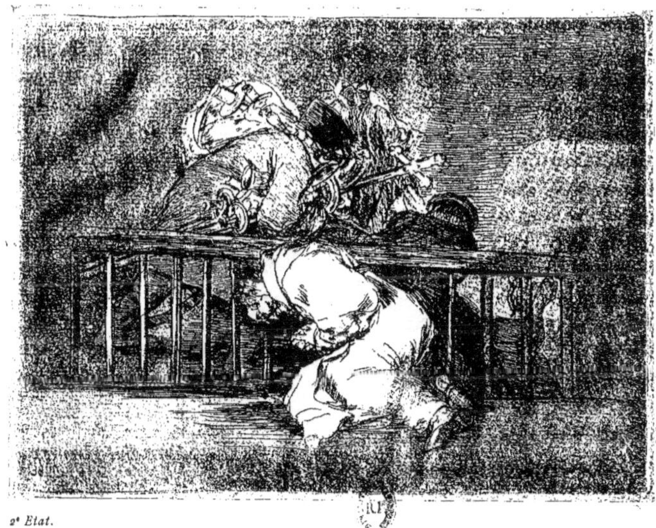

2ᵉ *Etat.*

Planche 47 des Désastres de la Guerre.

1ᵉʳ Etat. Avant la lettre, avant les nᵒˢ, avant quelques travaux et avec un ton d'aqua-tinte couvrant la surface du cuivre. Le cuivre n'est pas biseauté. De toute rareté. Bibliothèque Nationale, Madrid.

2ᵉ — Avec le nᵒ 33, au B. à G., mais encore avant la lettre et avant les retouches; le ton d'aqua-tinte couvre encore tout le cuivre. Fort rare. **L'État reproduit.** Cabinet des Estampes, Paris, Bibliothèque de l'Université, Paris, M. Pedro Gil.

3ᵉ — Avec le nᵒ 47, en H. à G. Le nᵒ précédent (33) subsiste. Le grain d'aqua-tinte a été délimité sur les quatre côtés pour ménager une marge; de plus, le contour inférieur de la robe du moine agenouillé est légèrement agrandi, et la coiffure du soldat a des contre-tailles obliques ajoutées dans la partie la plus claire. Encore avant la lettre. Rare. Cabinet des Estampes, Paris, Kupferstiche Kabinet, Berlin.

4ᵉ — Avec la lettre : *Asi sucedió.* Le cuivre est biseauté.

Enrique Melida suppose que cette planche fait allusion au sac de Cuenca par la brigade Caulaincourt, qui enleva la plupart des objets sacerdotaux des églises de cette ville.

Le cuivre existe (Académie de San Fernando).

(L. 182 millim. H. 131)

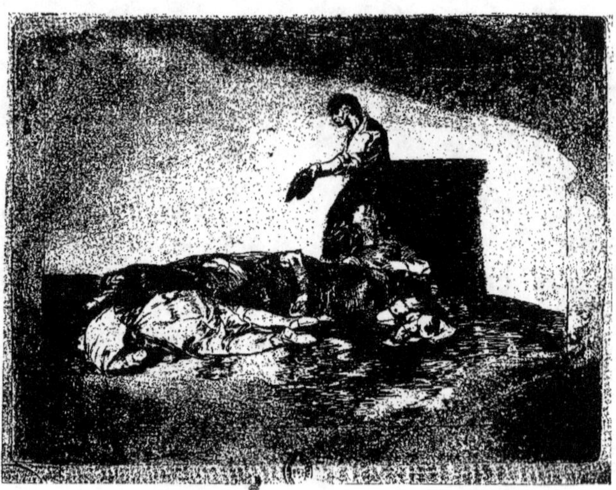

1ᵉʳ État.

Planche 48 des **Désastres de la Guerre**.

1ᵉʳ État. Avant la lettre, avant les nᵒˢ et avant les retouches; la jeune femme appuyée contre l'homme mendiant a la figure complètement de profil et très petite. Avec un grain d'aqua-tinte débordant dans les marges. Le cuivre n'est pas biseauté. De toute rareté. **État reproduit.** Cabinet des Estampes, Paris.

2ᵉ — Avec le nᵒ 47, au B. à G., et avec quelques nouveaux travaux. Encore avant la lettre. Bibliothèque Nationale, Madrid, Cabinet des Estampes, Paris.

3ᵉ — Avec le nᵒ 48, en H. à G., dans la marge. Le nᵒ précédent (47) subsiste. Toujours avant la lettre, mais avec les retouches mentionnées au 1ᵉʳ état. Le visage de la femme est différent. Bibliothèque Nationale, Madrid, Cabinet des Estampes, Paris, Kupferstiche Kabinet, Berlin, Mⁿ Jay, M. Pedro Gil. **État reproduit.**

4ᵉ — Avec la lettre : *Cruel lástima !* et avec un nouveau grain d'aqua-tinte couvrant toute la surface de la composition, alors qu'il n'était que partiel dans les états précédents. Le cuivre est biseauté.

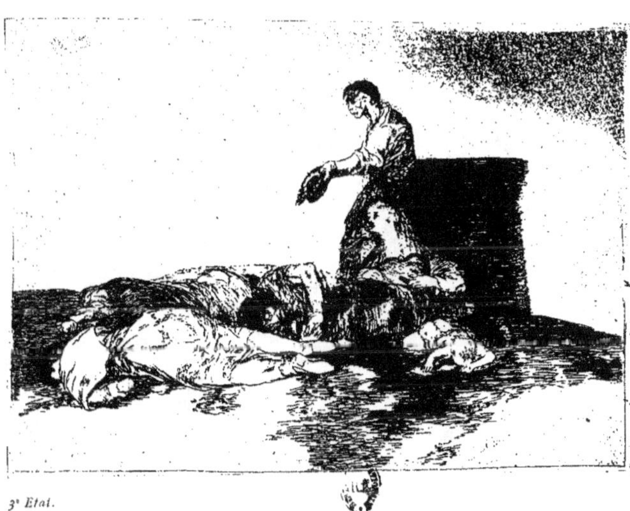

3ᵉ Etat.

« Cette planche et celles qui vont suivre, jusqu'au n° 200, durent être inspirées à Goya par
« l'horrible famine qui sévit à Madrid de 1811 à 1812, époque durant laquelle la capitale perdit plus de
« 20.000 de ses habitants en moins de onze mois. 1811 s'appelle en Espagne : *El año del hambre*, l'année
« de la faim. » (P. Lefort.)

Le **Musée du Prado** possède le dessin préparatoire à la sanguine pour cette planche ; il présente des
variantes avec l'estampe.

Le cuivre existe (Académie de San Fernando).

(L. 180 millim. H. 131)

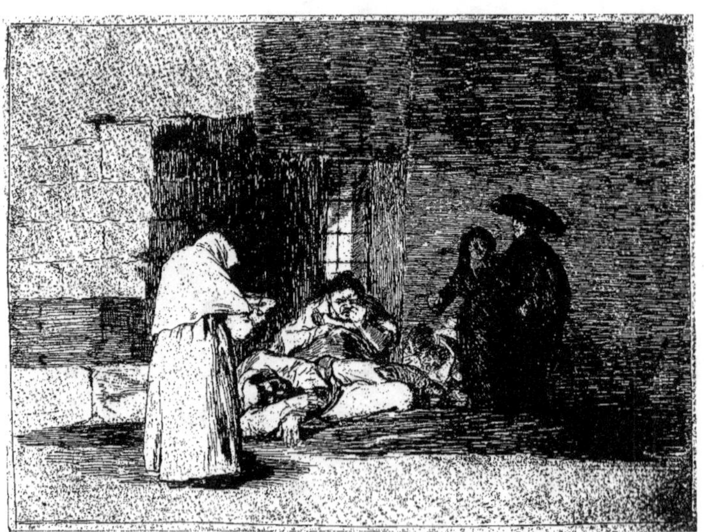

Planche 49 des **Désastres de la Guerre.**

1ᵉʳ Etat. Avant la lettre et avant les nᵒˢ. Le cuivre n'est pas biseauté. De toute rareté.

2ᵉ — Avec le nᵒ 56, au B. à G., en marge. Encore avant la lettre. Fort rare.

3ᵉ — Avec le nᵒ 49, en H. à G., en marge. Le nᵒ précédent (56) subsiste. Toujours avant la lettre.
Cabinet des Estampes, **Paris**, Kupferstiche Kabinet, **Berlin**, MM. Pedro Gil, Hofmann fils.

4ᵉ — Avec la lettre. On lit : *Caridad de una muger*. Le cuivre est biseauté.

Le **Musée** du **Prado** possède le dessin préparatoire à la sanguine pour cette planche.

Le cuivre existe (Académie de San Fernando).

169. — MADRE INFELIZ! (MÈRE INFORTUNÉE!)

(L. 174 millim. H. 130)

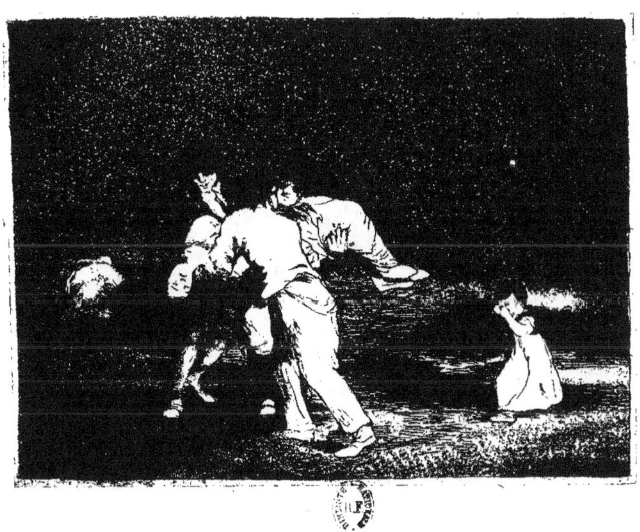

Planche 50 des **Désastres de la Guerre**.

1er Etat.   Avant la lettre et avant les nᵒˢ. Le cuivre n'est pas biseauté. De toute rareté.

2e   —   Avec le nᵒ 65, au B. à G., en marge. Encore avant la lettre. Fort rare.

3e   —   Avec le nᵒ 5o, en H. à G., en marge. Le nᵒ précédent (65) subsiste. Toujours avant la lettre. Rare. Cabinet des Estampes, Paris, Kupferstiche Kabinet, Berlin, M. P. Gil.

4e   —   Avec la lettre : *Madre infeliz!* Le cuivre est biseauté. L'aqua-tinte est remordue.

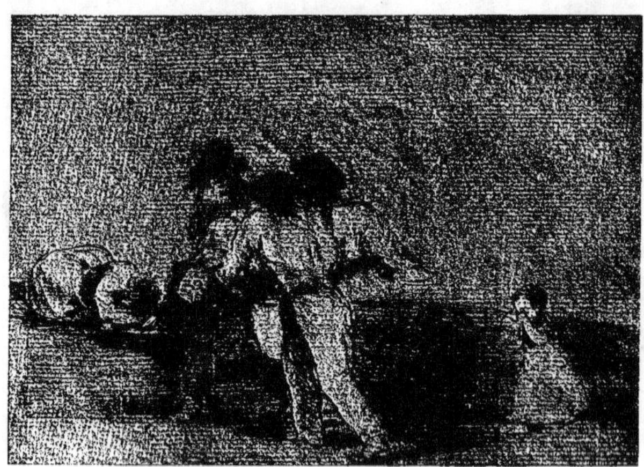

Le **Musée** du **Prado** possède le dessin préparatoire à la sanguine pour cette planche; nous en donnons ci-dessus le fac-similé réduit.

———

Le cuivre existe (Académie de San Fernando).

170. — GRACIAS À LA ALMORTA (GRACE AU MILLET)

(L. 174 millim. H. 127)

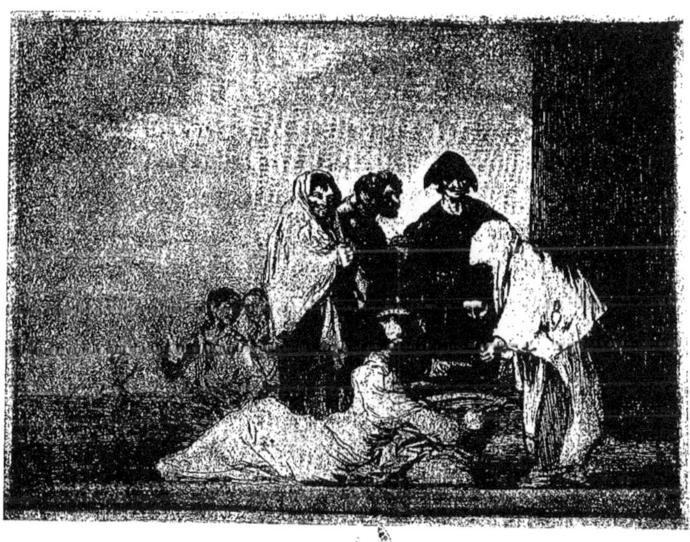

3ᵉ État.

Planche 51 des **Désastres de la Guerre.**

1ᵉʳ État. Avant la lettre et avant les nᵒˢ. Le cuivre n'est pas biscauté. De toute rareté.

2ᵉ — Avec le nᵒ 46, au B. à G., en marge. Encore avant la lettre. Fort rare.

3ᵉ — Avec le nᵒ 51, en H. à G., en marge. Le nᵒ précédent (46) subsiste. Rare. Cabinet des Estampes, Paris, Kupferstiche Kabinet, Berlin, Mʳˢ Jay, MM. P. Gil, Hofmann fils. L'État reproduit.

4ᵉ — Avec la lettre. On lit : *Gracias à la almorta.* L'aqua-tinte est remordue lourdement et le cuivre est biseauté.

Le **Musée du Prado** possède le dessin préparatoire à la sanguine pour cette planche.

Le cuivre existe (Académie de San Fernando).

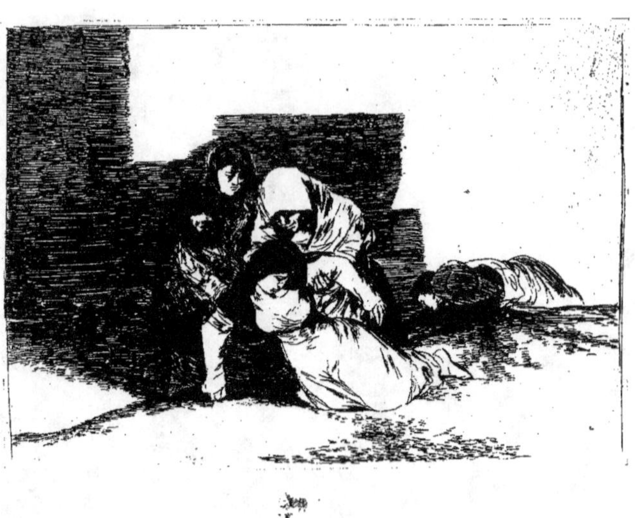

Planche 52 des Désastres de la Guerre.

1ᵉʳ Etat. Avant la lettre et avant les nᵒˢ. Le cuivre n'est pas biseauté. De toute rareté.

2ᵉ — Avec le nᵒ 5o, au B. à G., dans la marge, assez souvent illisible. Encore avant la lettre. Très rare.

3ᵉ — Avec le nᵒ 52, en H. à G., en marge. Le nᵒ précédent (5o) subsiste. Toujours avant la lettre. Très rare. Cabinet des Estampes, Paris, M. Pedro Gil.

4ᵉ — Avec la lettre : *No llegan à tiempo*, et avec un léger grain d'aqua-tinte sur toute la surface de la composition. Le cuivre est biseauté. Le nᵒ 5o est devenu tout à fait illisible.

Le Musée du Prado possède le dessin préparatoire à la sanguine pour cette planche.

Le cuivre existe (Académie de San Fernando).

172. — ESPIRÓ SIN REMEDIO
(IL MOURUT SANS QU'ON PUT LUI PORTER SECOURS)
(L. 176 millim. H. 128)

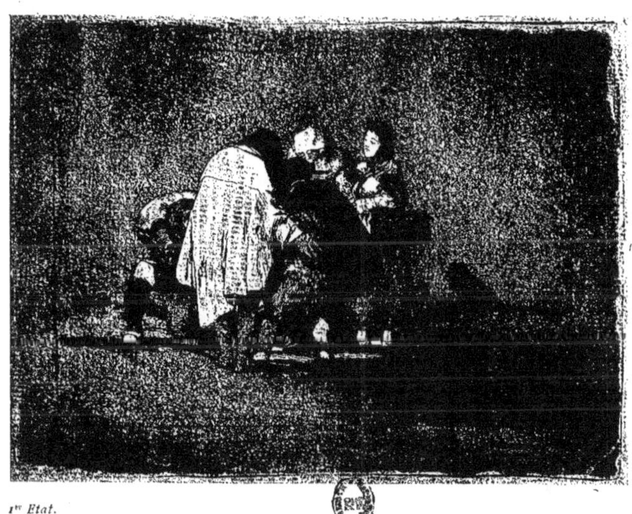

1ᵉʳ État.

Planche 53 des **Désastres de la Guerre.**

———————

1ᵉʳ État.   Avant la lettre et avant les numéros. En cet état, le grain d'aqua-tinte couvre toute la surface du cuivre, qui n'est pas biseauté. De toute rareté. L'État reproduit. Bibliothèque de l'Université, Paris.

2ᵉ   —   Avec le nº 43, au B. à G., en marge. Encore avant la lettre, mais les marges du cuivre sont nettoyées. Fort rare.

3ᵉ   —   Avec le nº 53, en H. à G., en marge. Le nº précédent (43) subsiste. Toujours avant la lettre. Cabinet des Estampes, Paris, Kupferstiche Kabinet, Berlin, Mᵐ Jay, MM. P. Gil. Hofmann fils.

4ᵉ   —   Avec la lettre. On lit : *Espiró sin remedio.* Le cuivre est biseauté.

Le **Musée du Prado** possède le dessin préparatoire à la sanguine pour cette planche.

———————

Le cuivre existe (Académie de San Fernando).

173. — CLAMORES EN VANO (VAINES CLAMEURS)

(L. 177 millim. H. 127)

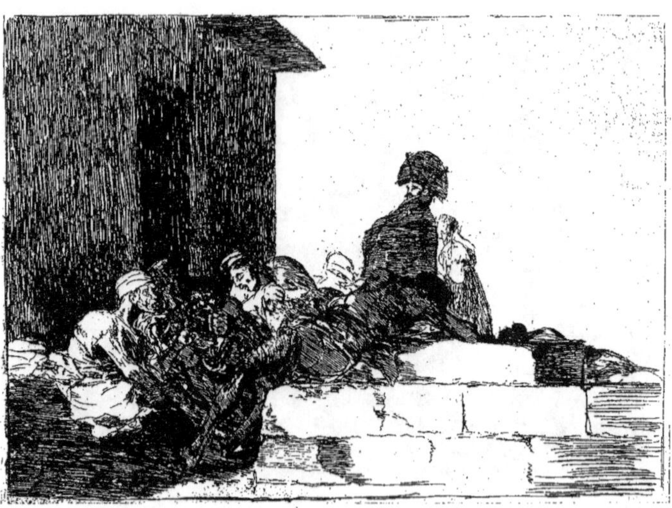

Planche 54 des **Désastres de la Guerre**.

1er État. Avant la lettre et avant les numéros. Le cuivre n'est pas biseauté. De toute rareté.

2e — Avec le n° 45, au B. à G., en marge. Encore avant la lettre. Fort rare.

3e — Avec le n° 54, en H. à G. Le n° précédent (45) subsiste. Toujours avant la lettre. Très rare.
Cabinet des Estampes, Paris, Kupferstiche Kabinet, Berlin, Mrs Jay, M. Pedro Gil.

4e — Avec la lettre. On lit : *Clamores en vano.* Le cuivre est biseauté.

Cette planche, dont le **Musée du Prado** possède le dessin préparatoire, a été reproduite dans le **Goya**,
de P. Lafond.

Le cuivre existe (Académie de San Fernando).

174. — LO PEOR ES PEDIR (LE PIRE EST QU'IL FAUT MENDIER)

(L. 181 millim. H. 128)

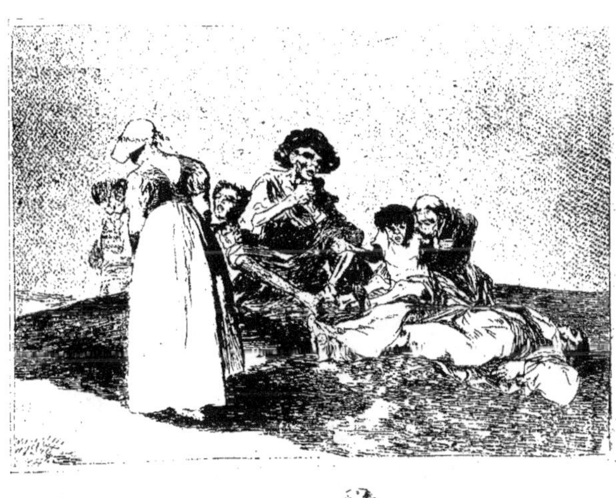

Planche 55 des **Désastres de la Guerre**.

1ᵉʳ **Etat.** Avant la lettre et avant les numéros. Le cuivre n'est pas biseauté. De toute rareté.

2ᵉ — Avec le n° 37, au B. à G., en marge. Encore avant la lettre. Fort rare. Bibliothèque Nationale, Madrid, Cabinet des Estampes, Paris, Bibliothèque de l'Université, Paris.

3ᵉ — Avec le n° 55, en **H.** à G., en marge. Le n° précédent (37) subsiste. Toujours avant la lettre. Rare. Cabinet des Estampes, Paris, Kupferstiche Kabinet, Berlin, M. P. Gil.

4ᵉ — Avec la lettre. On lit : *Lo peor es pedir*. Le cuivre est biseauté.

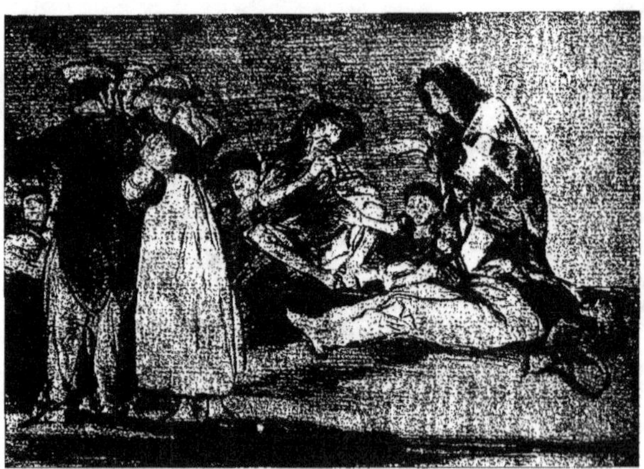

Le Musée du Prado possède le dessin préparatoire à la sanguine pour cette planche; il offre avec l'estampe d'assez nombreuses variantes. Nous en donnons ci-dessus un fac-simile légèrement réduit.

Le cuivre existe (Académie de San Fernando).

175. — AL CEMENTERIO (AU CIMETIÈRE)

(L. 181 millim. H. 135)

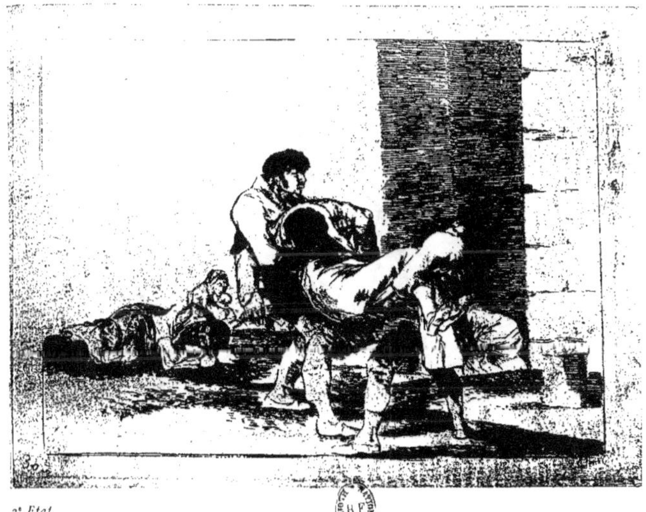

2ᵉ État.

Planche 56 des **Désastres de la Guerre.**

1ᵉʳ Etat.   Avant la lettre et avant les numéros. Le cuivre n'est pas biseauté. De toute rareté.

2ᵉ   —   Encore avant la lettre, mais avec le n° 3o, au B. à G., en marge. Fort rare. **L'État reproduit.** Bibliothèque Nationale, Madrid, Cabinet des Estampes, Paris, Bibliothèque de l'Université, Paris, M. Pedro Gil.

3ᵉ   —   Avec le n° 56, en H. à G., en marge. Le n° précédent (3o) subsiste. Rare. Cabinet des Estampes, Paris, Kupferstiche Kabinet, Berlin, Mˡˡ Jay.

4ᵉ   —   Avec la lettre. On lit : *Al cementerio* (le point d'exclamation signalé par Lefort et Hofmann n'existe pas). Le T. C. est complété à gauche et le cuivre est biseauté,

---

Le **Musée du Prado** possède le dessin préparatoire à la sanguine pour cette planche.

Le cuivre existe (Académie de San Fernando).

(L. 182 millim. H. 129)

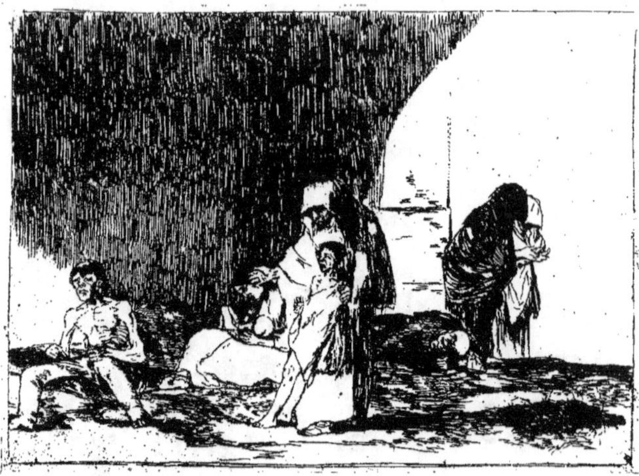

1ᵉʳ État.

Planche 57 des Désastres de la Guerre.

1ᵉʳ État. Avant la lettre, avant les numéros et avant que la coiffure de la femme, debout au milieu, ne soit légèrement arrondie au sommet et réduite sur le côté gauche. Avec une très légère trace d'aqua-tinte sur une partie du fond, à D. Le cuivre n'est pas biseauté. De toute rareté. L'État reproduit. Bibliothèque de l'Université, Paris, Kupferstiche Kabinet, Berlin.

2ᵉ — Avec le ton d'aqua-tinte, mais encore avant la lettre et avant les numéros. De toute rareté. Cabinet des Estampes, Paris.

3ᵉ — Avec le nᵒ 5 au B. à G., en marge. Encore avant la lettre. Fort rare.

4ᵉ — Avec le nᵒ 57, en H. à G., en marge. Le nᵒ précédent (5) subsiste. Toujours avant la lettre. Rare. Cabinet des Estampes, Paris, Kupferstiche Kabinet, Berlin, M. P. Gil.

5ᵉ — Avec la lettre. On lit : *Sanos y enfermos.* Le cuivre est biseauté.

Le Musée du Prado possède le dessin préparatoire à la sanguine pour cette planche; il offre avec elle quelques variantes.

Le cuivre existe (Académie de San Fernando).

(L. 182 millim. H. 127)

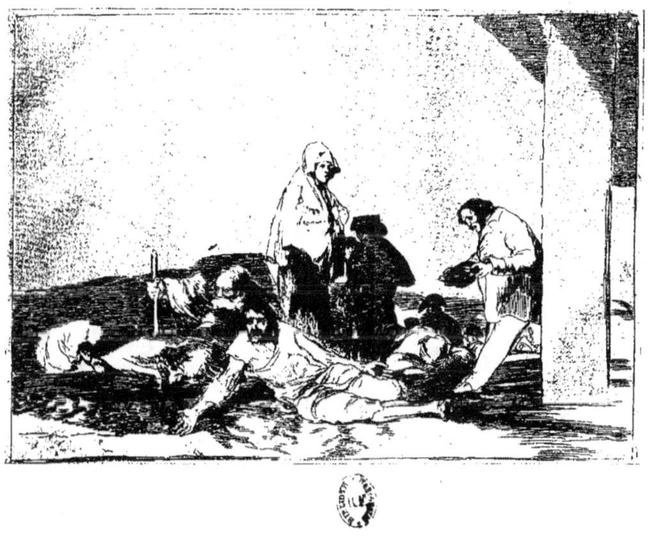

Planche 58 des Désastres de la Guerre.

1ᵉʳ **Etat.** Avant la lettre et avant les numéros. Le cuivre n'est pas biseauté. De toute rareté. Bibliothèque Nationale, Madrid.

2ᵉ — Encore avant la lettre, mais avec le nᵒ 34, au B. à G., en marge. Fort rare. Cabinet des Estampes, Paris, Bibliothèque de l'Université, Paris, Kupferstiche Kabinet, Berlin, M. Pedro Gil.

3ᵉ — Avec le nᵒ 58, en H. à G., en marge. Le nᵒ précédent (34) subsiste. Toujours avant la lettre. Très rare. Cabinet des Estampes, Paris, Kupferstiche Kabinet, Berlin.

4ᵉ — Avec la lettre : No hay que dar voces. Le cuivre est biseauté. Le fond est sale.

Le **Musée du Prado** possède le dessin préparatoire à la sanguine pour cette planche ; il offre quelques variantes avec l'estampe.

Le cuivre existe (Académie de San Fernando).

178. — DE QUÉ SIRVE UNA TAZA?
(A QUOI SERT UNE PAUVRE TASSE?)

(L. 180 millim. H. 127)

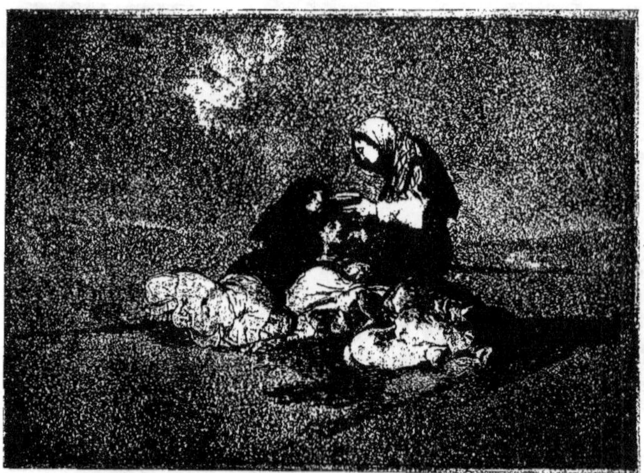

Planche 59 des **Désastres de la Guerre**.

1er État. Avant la lettre et avant les nos. Le grain d'aqua-tinte couvre toute la surface du cuivre, qui n'est pas biseauté. De toute rareté. Bibliothèque Nationale, Madrid, Cabinet des Estampes, Paris.

2e — Avec le n° 3, au B. à G., en marge. Encore avant la lettre, mais le grain d'aqua-tinte est limité à la composition. Fort rare.

3e — Avec le n° 59, en H. à G., en marge. Le n° précédent (3) subsiste. Toujours avant la lettre. Très rare. Cabinet des Estampes, Paris, Kupferstiche Kabinet, Berlin, Mᵐᵉ Jay, MM. Pedro Gil, Hofmann fils.

4e — Avec la lettre : *De qué sirve una taza?* Le cuivre est biseauté.

Le Musée du Prado possède un dessin, première pensée de cette planche, exécuté à la sanguine et qui offre de nombreuses variantes avec l'estampe.

Le cuivre existe (Académie de San Fernando).

179. — NO HAY QUIEN LOS SOCORRA
(PERSONNE POUR LES SECOURIR)

(L. 178 millim. H. 129)

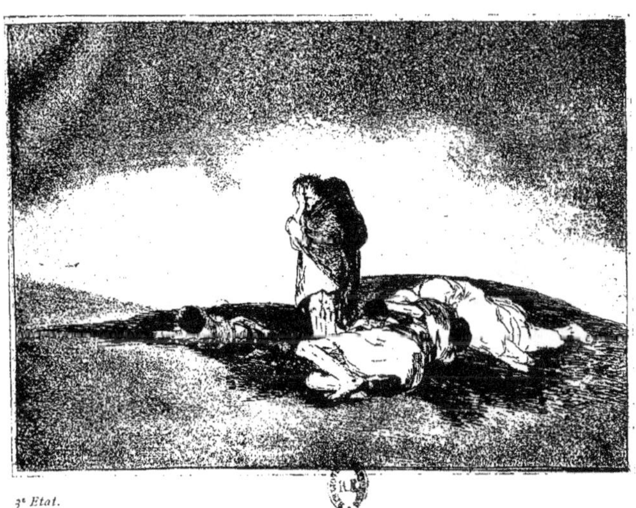

3ᵉ Etat.

Planche 60 des **Désastres de la Guerre.**

1ᵉʳ Etat. Avant la lettre, avant les nᵒˢ et avec le grain d'aqua-tinte couvrant toute la surface du cuivre qui n'est pas biseauté. De toute rareté.

2ᵉ — Avec le nᵒ 31, au B. à G., en marge. Encore avant la lettre. Fort rare. Bibliothèque Nationale, Madrid, Cabinet des Estampes, Paris, Cabinet des Estampes, Bruxelles.

3ᵉ — Avec le nᵒ 60, en H. à G., en marge. Le nᵒ précédent (31) subsiste. L'aqua-tinte est limitée à la composition. Toujours avant la lettre. Rare. **L'État reproduit.** Cabinet des Estampes, Paris, M. Pedro Gil.

4ᵉ — Avec la lettre : *No hay quien los socorra*. L'aqua-tinte est renforcée. Le cuivre est biseauté.

Le **Musée du Prado** possède le dessin préparatoire à la sanguine pour cette planche ; il offre plusieurs variantes avec l'estampe.

Le cuivre existe (Académie de San Fernando).

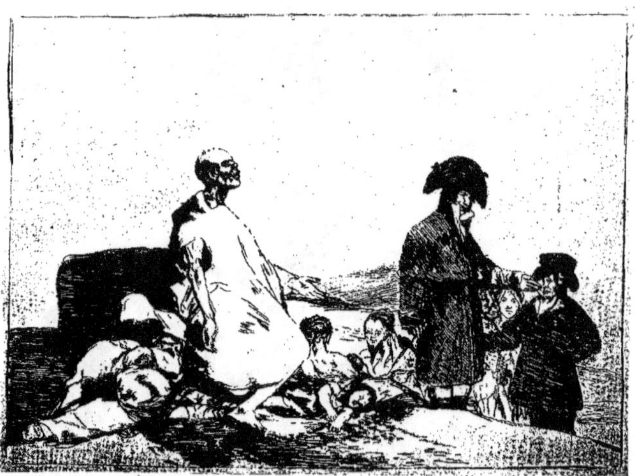

2ᵉ État.

Planche 61 des **Désastres de la Guerre**.

1ᵉʳ Etat. Avant la lettre, avant les nᵒˢ, avant quelques légers traits sur la chemise du mendiant; les
marges non nettoyées. Le cuivre n'est pas biseauté. De toute rareté. Cabinet des Estampes,
Paris.

2ᵉ — Avec le nᵒ 35, au B. à G., en marge et les marges nettoyées, mais avant la lettre et avant la
retouche. Fort rare. **L'État reproduit**. Bibliothèque Nationale, Madrid (épr. de Carderera),
Bibliothèque de l'Université, Paris, M. Pedro Gil.

3ᵉ — Avec le nᵒ 61, en H. à G., en marge. Le nᵒ précédent (35) subsiste. Toujours avant la lettre,
mais avec les retouches. Rare. Cabinet des Estampes, Paris, Kupferstiche Kabinet, Berlin,
Mᵐᵉ Jay, M. Hofmann fils.

4ᵉ — Avec la lettre : *Si son de otro linage*. Le cuivre est biseauté.

Le **Musée** du **Prado** possède le dessin préparatoire à la sanguine pour cette planche; ce dessin offre
plusieurs variantes avec l'estampe.

Le cuivre existe (Académie de San Fernando).

(L. 189 millim. H. 146)

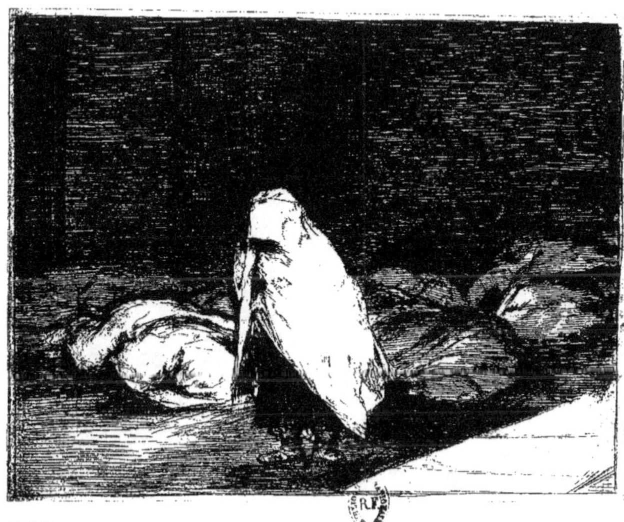

2ᵉ État.

Planche 62 des **Désastres de la Guerre**.

———

1ᵉʳ État.   Avant le ton d'aqua-tinte, avant la lettre, avant le nº et avant diverses retouches. Le cuivre n'est
        pas biseauté. De toute rareté.

2º   —   Avec le nº 62, en H. à G., en marge et avec quelques légères traces d'aqua-tinte, mais encore
        avant les retouches. **L'État reproduit.** Collection de M. Pedro Gil.

3º   —   La planche, aqua-tintée, a subi plusieurs retouches, notamment dans le manteau de la femme
        debout, dont le haut, formant coiffure, a été abaissé; le manteau a été également un peu
        réduit à droite sur sa largeur, etc. Encore avant la lettre. Rare. Cabinet des Estampes, Paris,
        Kupferstiche Kabinet, Berlin.

4º   —   Avec la lettre. On lit : *Las camas de la muerte*. Le cuivre est biseauté.

———

Le **Musée du Prado** possède le dessin préparatoire à la sanguine pour cette planche.

———

Le cuivre existe (Académie de San Fernando).

182. — MUERTOS RECOGIDOS (MORTS RAMASSÉS)

(L. 179 millim. H. 132)

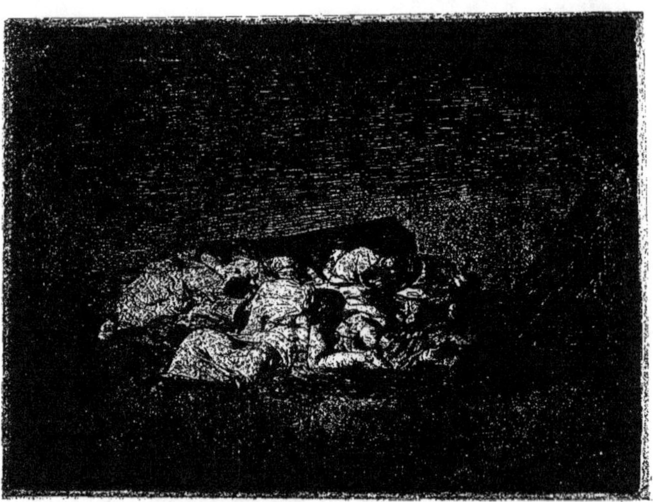

2ᵉ Etat.

Planche 63 des **Désastres de la Guerre.**

1ᵉʳ Etat. A l'eau-forte pure, avant la lettre et avant les nᵒˢ. Le cuivre n'est pas biseauté. De toute rareté.

2ᵉ — Encore avant la lettre et avant les nᵒˢ, mais avec un grain d'aqua-tinte couvrant toute la surface du cuivre. De toute rareté. L'État reproduit. Collection de M. Sanchez Gerona.

3ᵉ — Avec le nᵒ 44, au B. *à* G. en marge. Encore avant la lettre, mais les marges sont nettoyées. Fort rare.

4ᵉ — Avec le nᵒ 63, en H. à G., en marge. Le nᵒ précédent (44) subsiste. Toujours avant la lettre. Cabinet des Estampes, Paris, Kupferstiche Kabinet, Berlin, M. Pedro Gil.

5ᵉ — Avec la lettre : *Muertos recogidos.* Le cuivre est biseauté.

Le **Musée du Prado** possède le dessin préparatoire à la sanguine pour cette planche ; ce dessin offre quelques variantes avec l'estampe.

Le cuivre existe (Académie de San Fernando).

183. — CARRETADAS AL CEMENTERIO
(CHARRETÉES POUR LE CIMETIÈRE)
(L. 180 millim. H. 129)

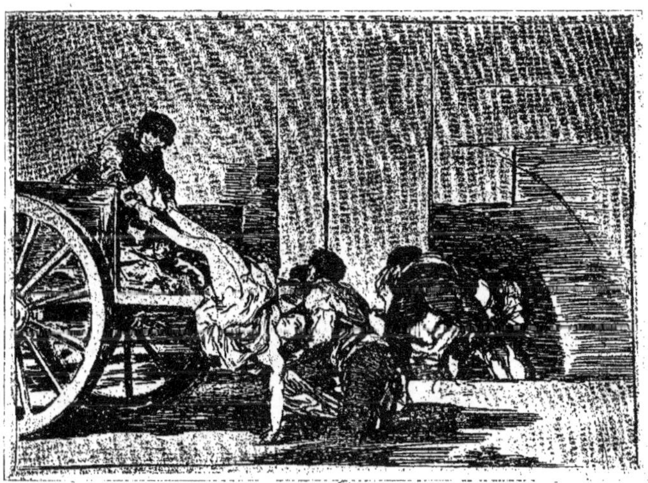

2ᵉ *Etat.*

Planche 64 des **Désastres de la Guerre.**

1ᵉʳ Etat.   Avant la lettre, avant les nᵒˢ et avant quelques travaux sur le bras droit et l'épaule de l'homme sur la charrette, et avant quelques autres travaux dans le fond au-dessus de l'arrière de la voiture; également avant plusieurs tailles horizontales au premier plan. Les marges du cuivre ne sont pas nettoyées, le cuivre n'est pas biseauté. De toute rareté. Cabinet des Estampes, Paris.

2ᵉ   —   Avec le nᵒ 38, au B. à G., les salissures en marge effacées, mais encore avant les travaux ci-dessus. Fort rare. Bibliothèque Nationale, Madrid, Bibliothèque de l'Université, Paris. **L'État reproduit.**

3ᵉ   —   Avec le nᵒ 64, en H. à G. Le nᵒ précédent (38) subsiste. Toujours avant la lettre, mais avec les travaux indiqués au 1ᵉʳ état. Rare. Bibliothèque Nationale, Madrid, Cabinet des Estampes, Paris, Kupferstiche Kabinet, Berlin, M. Pedro Gil.

4ᵉ   —   Avec la lettre : *Carretadas al cementerio*. Le cuivre est biseauté.

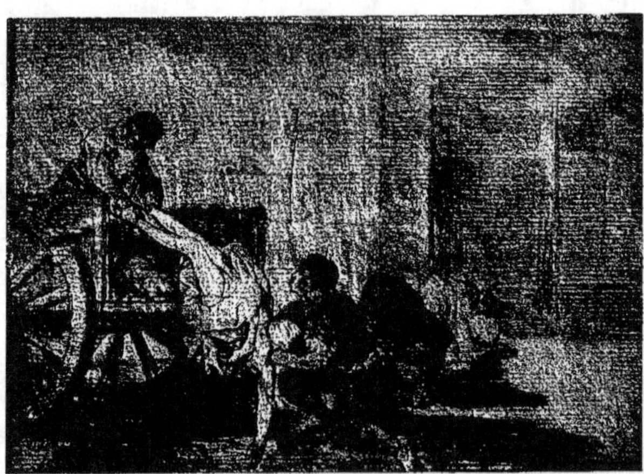

Le Musée du Prado possède le dessin préparatoire à la sanguine pour cette planche ; ce dessin, dont nous donnons ci-dessus un fac-similé un peu réduit, offre quelques variantes avec l'estampe.

Le cuivre existe (Académie de San Fernando).

(L. 193 millim. H. 145)

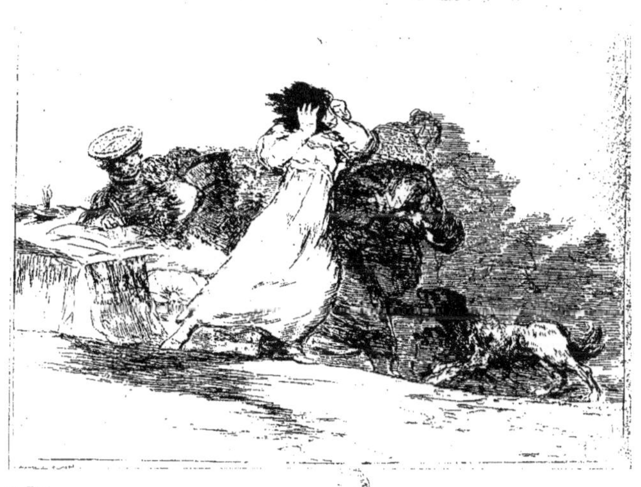

2ᵉ Etat.

Planche 65 des **Désastres de la Guerre.**

1ᵉʳ Etat. Avant le ton d'aqua-tinte, avant la lettre, avant le T. C. complété aux angles inférieurs et avant
quelques travaux sur la robe du personnage courbé qui se cache le visage ; de plus, l'officier
assis à gauche n'a pas de moustache, et son épaule droite est plus tombante. De toute rareté.
Cabinet des Estampes, Paris.

2ᵉ — Avec le nº 65, en H. à G., en marge, mais encore avant la lettre, l'aqua-tinte et les retouches.
Très rare. L'État reproduit. Collection de M. Pedro Gil.

3ᵉ — Avec le ton d'aqua-tinte et avec les retouches signalées plus haut. Rare. Cabinet des Estampes,
Paris, Kupferstiche Kabinet, Berlin, Mᵐᵉ Jay.

4ᵉ — Avec la lettre : *Qué alboroto es este ?* Le cuivre est biseauté.

Le cuivre usiaté (Académie de San Fernando).

185. — EXTRAÑA DEVOCION! (ÉTRANGE DÉVOTION)

(L. 194 millim. H. 152)

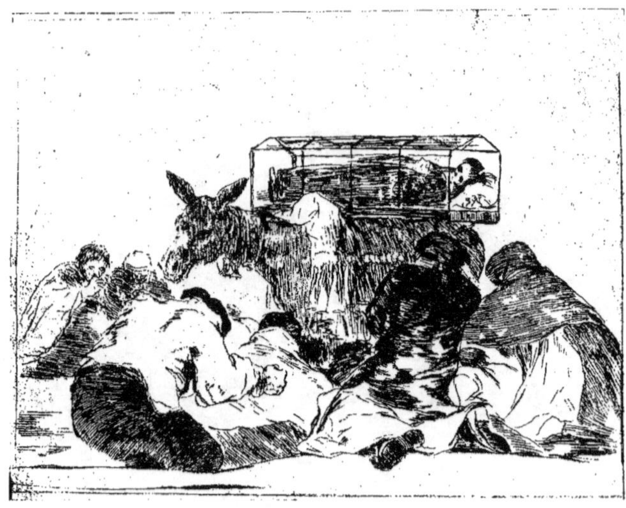

2ᵉ État.

Planche 66 des **Désastres de la Guerre.**

1ᵉʳ Etat. Avant la lettre, avant le nᵉ et avant le grain d'aqua-tinte. Le cuivre n'est pas biseauté. De toute
rareté.

2ᵉ — Encore avant la lettre et avant l'aqua-tinte, mais avec le nᵒ 66. Fort rare. **L'État reproduit.** Collection de M. Pedro Gil.

3ᵉ — Toujours avant la lettre, mais avec un ton d'aqua-tinte sur le terrain et sur les vêtements des
deux personnages du premier plan à droite. Rare. Cabinet des Estampes, Paris, Kupferstiche
Kabinet, Berlin, Mʳˢ Jay, M. Hofmann fils.

4ᵉ — Avec la lettre : *Extraña devocion!* Le cuivre est biseauté.

Le **Musée du Prado** possède le dessin préparatoire à la sanguine pour cette planche.

Le cuivre existe (Académie de San Fernando).

186. — ESTA NO LO ES MENOS (CELLE-CI NE L'EST GUÈRE MOINS)

(L. 188 millim. H. 143)

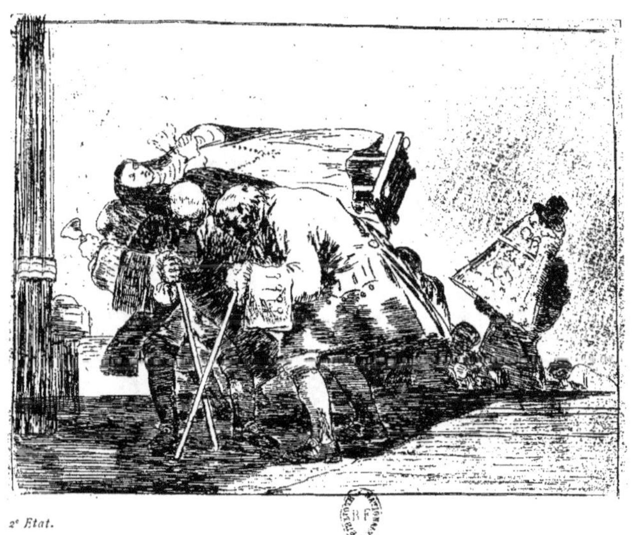

2ᵉ État.

Planche 67 des **Désastres de la Guerre.**

1ᵉʳ Etat.   Avant la lettre, avant le n°, avant un léger grain d'aqua-tinte et avant deux légères retouches. Le
cuivre n'est pas biseauté. De toute rareté.

2ᵉ   —   Encore avant la lettre, les retouches, etc., mais avec le n° 67, en H. à G., en marge. Très rare.
Bibliothèque Nationale, Madrid, M. Pedro Gil. **L'État reproduit.**

3ᵉ   —   Encore avant la lettre, mais avec quelques tons d'aqua-tinte et l'addition de sept ou huit petits
traits verticaux sur la partie restée blanche de la jambe gauche de l'homme de face ; de plus,
un trait horizontal réduit légèrement et cerne le crâne du même personnage. Rare. Cabinet
des Estampes, Paris, Kupferstiche Kabinet, Berlin.

4ᵉ   —   Avec la lettre : *Esta no lo es menos.* Le cuivre est biseauté.

Le **Musée du Prado** possède le dessin préparatoire à la sanguine pour cette planche, offrant une
légère variante avec l'estampe.

Le cuivre existe (Académie de San Fernando).

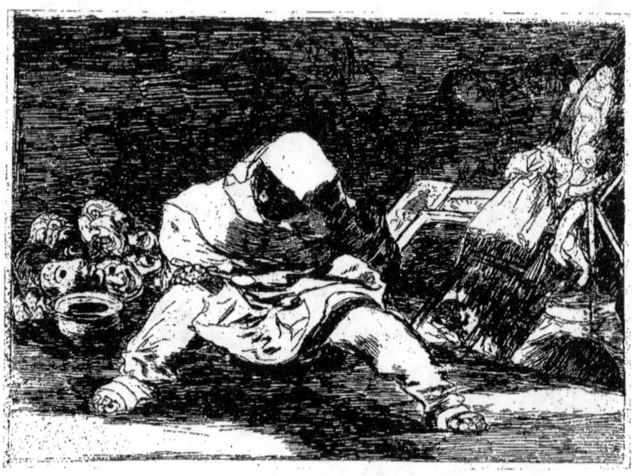

2ᵉ Etat.

Planche 68 des **Désastres de la Guerre**.

1ᵉʳ Etat.   A l'eau-forte pure, avant la lettre et avant le nᵒ. Le cuivre n'est pas biseauté. De toute rareté.

2ᵉ   —   Encore à l'eau-forte pure, avant la lettre, mais avec le nᵒ 68 en H. à G., en marge. Très rare. **L'État reproduit.** Bibliothèque Nationale, Madrid, M. Pedro Gil.

3ᵉ   —   Avec un grain d'aqua-tinte, sur le terrain notamment. Encore avant la lettre. Rare. Cabinet des Estampes, Paris.

4ᵉ   —   Avec la lettre : *Que locura !* Le cuivre est biseauté.

Le **Musée du Prado** possède le dessin préparatoire à la sanguine pour cette planche, et qui offre des variantes avec l'estampe.

Le cuivre existe (Académie de San Fernando).

188. — NADA ELLO DIRA (NÉANT, ELLE-MÊME LE DIRA)

(L. 196 millim. H. 144)

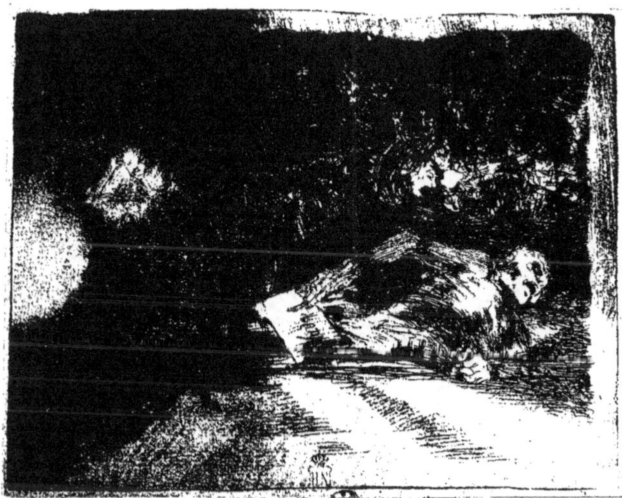

1ᵉʳ Etat.

Planche 69 des **Désastres de la Guerre.**

1ᵉʳ Etat.   Avant la lettre, avant les numéros et avant de nombreux travaux et changements, dans la partie
gauche du sujet notamment. Le cuivre n'est pas biseauté, les angles sont aigus. De toute
rareté. **État reproduit.** Bibliothèque Nationale, Madrid.

2ᵉ   —   Avec le n° 96 au B. à G., dans le terrain (n° qui peut se lire aussi bien 66, 69 ou 99), répété
également dans le H. à G., puis avec de nombreux changements et additions modifiant sen-
siblement la composition ; mais avant que le sujet n'ait été réduit dans le bas. Fort rare. **État
reproduit.** Collection de M. Pedro Gil.

3ᵉ   —   Encore avant que le sujet n'ait été réduit dans le bas, mais avec des travaux et des polissages
formant une espèce d'encadrement le long des biseaux du cuivre. De toute rareté. Cabinet des
Estampes, Paris.

4ᵉ   —   Les travaux formant encadrement sont effacés ; le champ du sujet est diminué dans le bas, pour
laisser place à une légende ; le n° du B. à G. se trouve alors en marge ; avant la lettre. Très
rare. Kupferstiche Kabinet, Berlin.

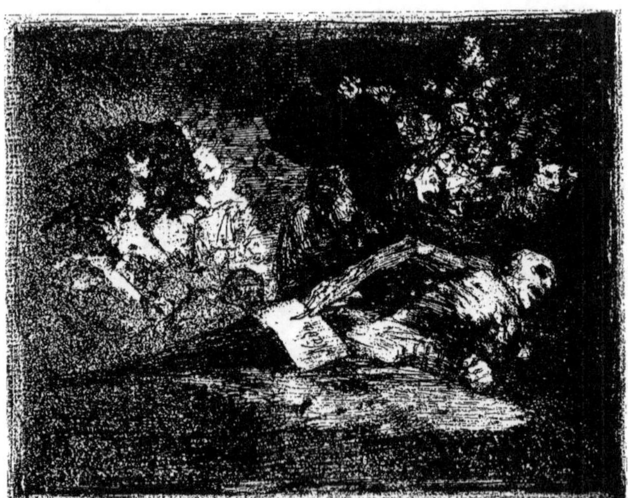

2ᵉ Etat.

5ᵉ Etat. Avec la lettre. On lit : *Nada Ello dirà*. Le cuivre est biseauté.

« L'Académie de San Fernando a fait altérer ici l'épigraphe que Goya avait destinée à cette pièce
« (une des plus caractéristiques cependant au point de vue des opinions religieuses de l'artiste), et que
« nous reproduisons telle que nous l'avons trouvée dans l'exemplaire de Cean Bermudez : *Nada ! Ello lo
« dice...* (Néant ! Elle-même le dit...) » (P. Lefort, Goya, p. 111.)

Le Musée du Prado possède une première pensée de cette composition ; ce dessin exécuté à l'encre
de Chine est en sens inverse de l'estampe.

Le cuivre existe (Académie de San Fernando).

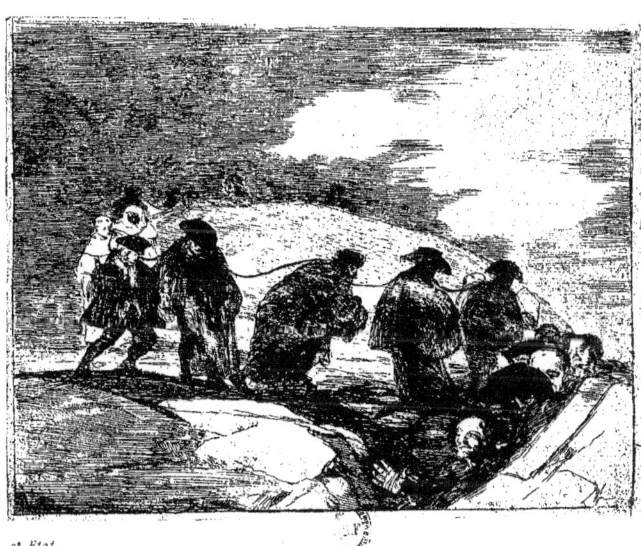

2ᵉ *Etat.*

Planche 70 des **Désastres de la Guerre.**

———

1ᵉʳ Etat.   Avant la lettre, avant le nº et avant les retouches. Le cuivre n'est pas biseauté. De toute rareté.

2ᵉ   —   Encore avant la lettre et avant les retouches, mais avec le nº 70, en H. à G., en marge. Fort
rare. **L'État reproduit.** Collection de M. Pedro Gil.

3ᵉ   —   Encore avant la lettre ; mais les têtes qu'on aperçoit derrière le monticule sont plus accusées
par des contours qui en délimitent la forma tout à fait indécise dans les deux états antérieurs.
Rare. Cabinet des Estampes, Paris.

4ᵉ   —   Avec la lettre : *No saben el camino.* Le cuivre est biseauté.

———

Le cuivre existe (Académie de San Fernando).

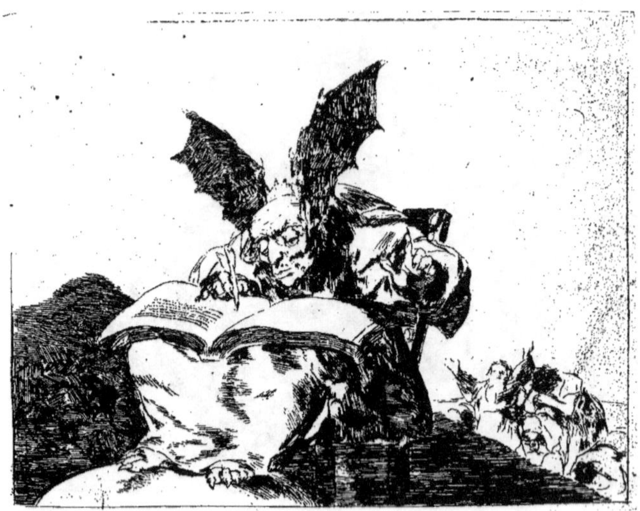

Planche 71 des **Désastres de la Guerre**.

1er Etat.   Avant la lettre et avant le numéro. Le cuivre n'est pas biseauté. De toute rareté.

2e   —   Encore avant la lettre, mais avec le n° 71, en H. à G., en marge. Très rare. Cabinet des Estampes, Paris, Mme Jay, M. Pedro Gil.

3e   —   Avec la lettre : *Contra el bien general*. Le cuivre est biseauté.

Le **Musée du Prado** possède le dessin préparatoire à la sanguine pour cette planche ; il offre plusieurs variantes avec l'estampe.

Le cuivre existe (Académie de San Fernando).

191. — LAS RESULTAS (LES CONSÉQUENCES)

(L. 188 millim. H. 144)

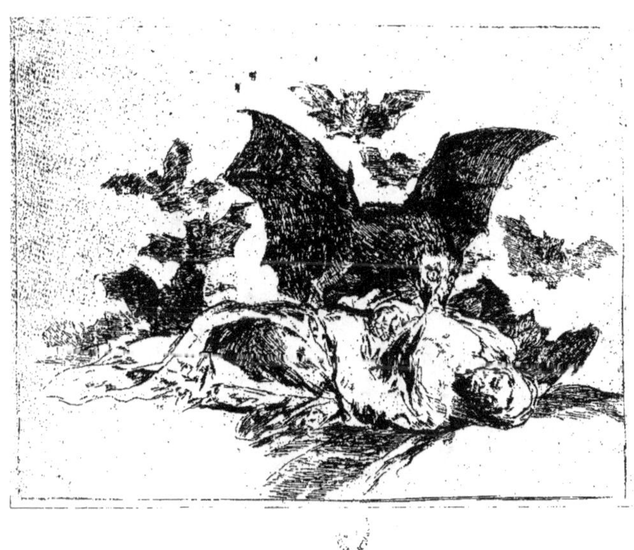

Planche 72 des **Désastres de la Guerre**.

1ᵉʳ Etat.   Avant la lettre et avant le numéro. Le cuivre n'est pas biseauté. De toute rareté.

2ᵉ   —   Encore avant la lettre, mais avec le n° 72, en H. à G., en marge. Très rare. Cabinet des Estampes, Paris, Kupferstiche Kabinet, Berlin, Mʳˢ Jay, M. Pedro Gil.

3ᵉ   —   Avec la lettre : *Las resultas*. Le cuivre est biseauté.

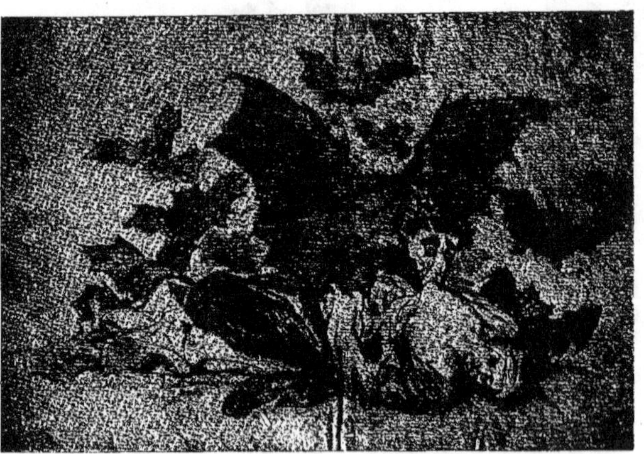

Le **Musée** du **Prado** possède le dessin préparatoire à la sanguine pour cette planche; nous en donnons ci-dessus un fac-simile légèrement réduit.

———

Le cuivre existe (Académie de San Fernando).

192. — GATESCA PANTOMIMA (PANTOMIME FÉLINE)

(L. 198 millim. H. 154)

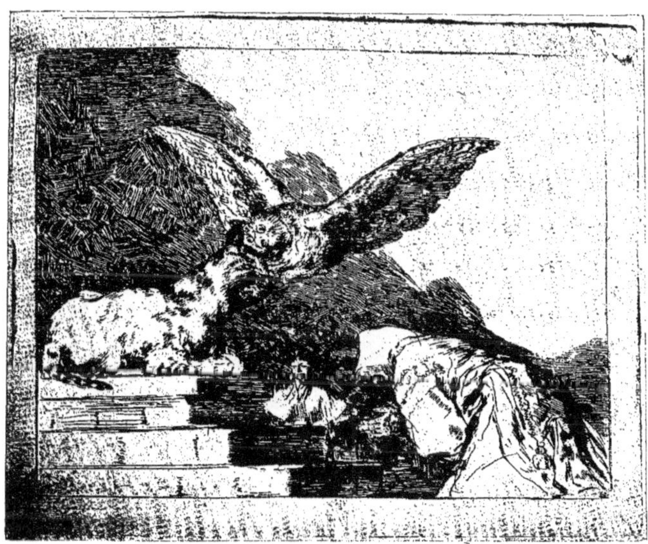

1ᵉʳ État.

Planche 73 des **Désastres de la Guerre**.

1ᵉʳ État. Avant la lettre, avant le n° et avant quelques travaux sur le crâne et sur le ventre du félin. De toute rareté. **L'État reproduit.** Bibliothèque Nationale, Madrid.

2ᵉ — Encore avant la lettre, mais avec le n° 73 en H. à G., en marge, et les retouches indiquées ci-dessus. Très rare. Cabinet des Estampes, Paris, Kupferstiche Kabinet, Berlin, M. Pedro Gil.

3ᵉ — Avec la lettre : *Gatesca pantomima.* Le n° 73 est renforcé et le cuivre biseauté.

Le **Musée du Prado** possède le dessin préparatoire à la sanguine pour cette planche ; ce dessin offre des variantes avec l'estampe.

Le cuivre existe (Académie de San Fernando).

193. — ESTO ES LO PEOR! (VOILA QUI EST PIRE !)

(L. 193 millim. H. 151)

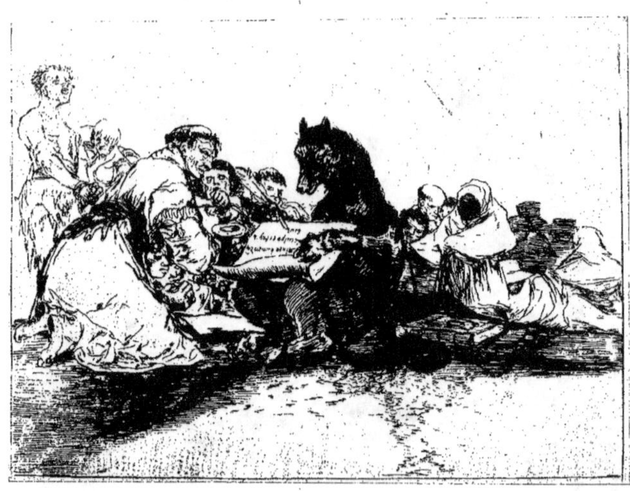

Planche 74 des **Désastres de la Guerre**.

1ᵉʳ Etat.   Avant la lettre, avant le n° et avant que le T. C. n'ait été complété dans le haut. Le cuivre n'est pas biseauté. De toute rareté. Bibliothèque Nationale, Madrid.

2ᵉ —   Avec le n° 74 en H. à G., en marge, mais encore avant la lettre et avant que le T. C. n'ait été complété dans le haut. Rare. Cabinet des Estampes, Paris, Kupferstiche Kabinet, Berlin, Mrs Jay, M. Pedro Gil.

3ᵉ —   Avec la lettre : *Esto es lo peor !* Le cuivre est biseauté et le T. C. complété.

Le Musée du **Prado** possède le dessin préparatoire à la sanguine pour cette planche ; ce dessin offre des variantes avec l'estampe.

Le cuivre existe (Académie de San Fernando).

194. — FARANDULA DE CHARLATANES

(FARANDOLE DE CHARLATANS)

(L. 197 millim. H. 146)

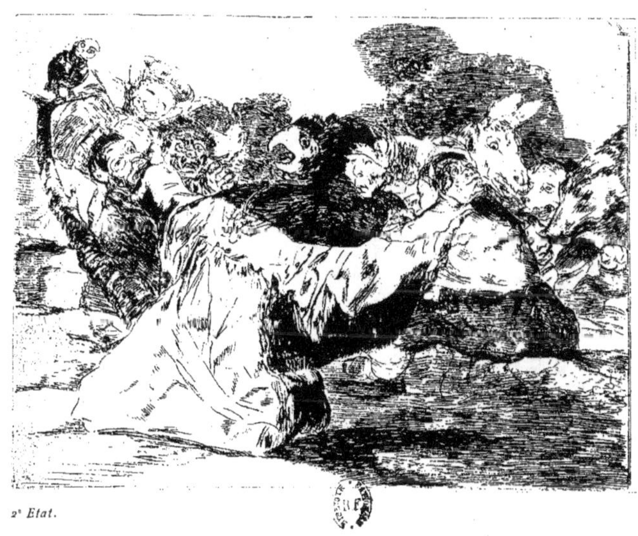

2ᵉ *Etat.*

Planche 75 des **Désastres de la Guerre.**

1ᵉʳ État. A l'eau-forte pure, avant la lettre, avant le nᵒ, avant le T. C., dans le haut du sujet et avant huit
ou neuf petites tailles obliques sur l'oreille du personnage à deux têtes, assis au second plan,
à droite. Le cuivre n'est pas biseauté. De toute rareté.

2ᵉ — Encore avant le grain d'aqua-tinte, avant la lettre, avant la retouche, mais avec le nᵒ 75, en H. à
G., en marge. L'État reproduit. Collection de M. Pedro Gil.

3ᵉ — Avec l'addition d'un grain d'aqua-tinte et avec la retouche ; le T. C. est complété dans le haut,
mais toujours avant la lettre. Rare. Cabinet des Estampes, Paris, Kupferstiche Kabinet,
Berlin.

4ᵉ — Avec la lettre : *Farandula de charlatanes.* Le cuivre est biseauté et le nᵒ 75 renforcé.

Le **Musée** du **Prado** possède une première pensée de cette planche ; le dessin exécuté à la sanguine
offre de nombreuses variantes avec l'estampe.

Le cuivre existe (Académie de San Fernando).

195. — EL BUITRE CARNIVORO (LE VAUTOUR CARNIVORE)

(L. 199 millim. H. 154)

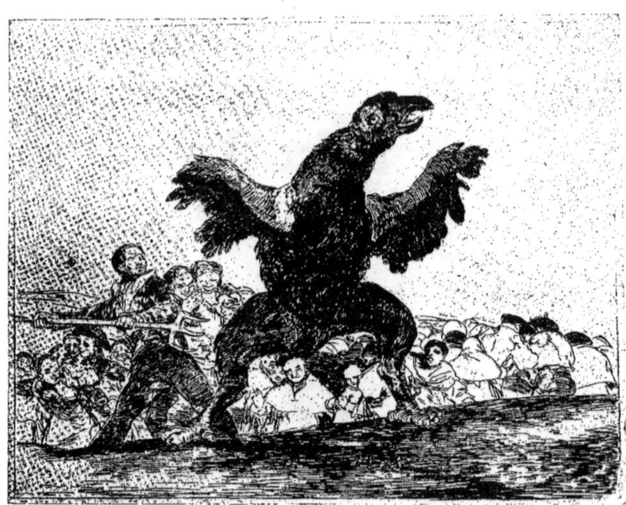

2ᵉ Etat

Planche 76 des **Désastres de la Guerre.**

1ᵉʳ Etat. Avant le ton d'aqua-tinte, avant la lettre, avant le nᵒ, avant le T. C. renforcé et avant les contre-tailles sur les ailes du vautour et quelques autres travaux sur le ventre du carnivore. Le cuivre n'est pas biseauté. De toute rareté.

2ᵉ   —   Encore avant le ton d'aqua-tinte, avant la lettre et avant les travaux indiqués ci-dessus, mais avec le nᵒ 76, en H. à G., en marge. Fort rare. L'État reproduit. Collection de M. Pedro Gil.

3ᵉ   —   Encore avant la lettre, mais avec le ton d'aqua-tinte. Cabinet des Estampes, Paris, Kupferstiche Kabinet, Berlin, M. Hofmann fils.

4ᵉ   —   Avec la lettre : *El buitre carnivoro.* Le cuivre est biseauté et le T. C. renforcé.

Paul Lefort indique en note, à propos de cette pièce : « L'aigle impériale est vaincue et l'Espagne « est libre. Cette pièce porte avec elle sa date ; fin de 1813 ou premiers mois de 1814. »

Le cuivre existe (Académie de San Fernando).

196. — QUE SE ROMPE LA CUERDA (LA CORDE SE ROMPT)

(L. 195 millim. H. 151)

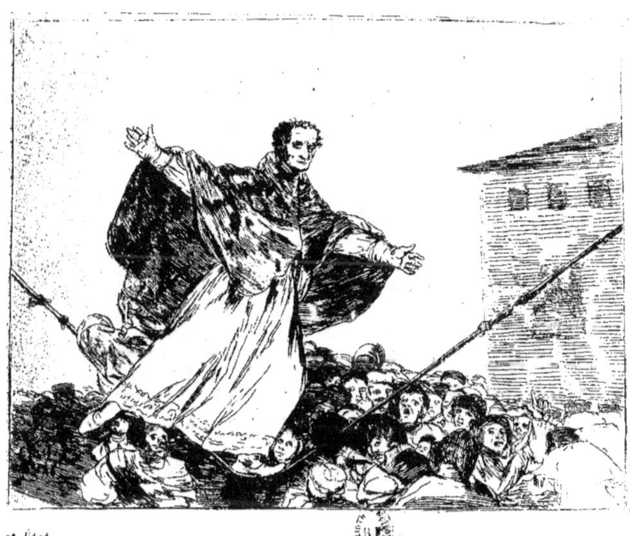

2ᵉ *État.*

Planche 77 des **Désastres de la Guerre.**

1ᵉʳ **Etat.**   Avant un léger ton d'aqua-tinte, avant la lettre, avant le n°, avant que le T. C. n'ait été
complété en H. à D., et avant que le profil de la maison n'ait été continué jusqu'à la toiture.
Le cuivre n'est pas biseauté. De toute rareté.

2ᵉ   —   Encore avant le ton d'aqua-tinte, avant la lettre, etc., mais avec le n° 77, en H. à G., en marge.
Très rare. Collection de M. Pedro Gil. L'État reproduit.

3ᵉ   —   Avec un léger ton d'aqua-tinte sur quelques parties de la planche. Toujours avant la lettre.
Rare, Cabinet des Estampes, Paris, Kupferstiche Kabinet, Berlin.

4ᵉ   —   Avec la lettre : *Que se rompe la cuerda.* Le cuivre est biseauté, le n° est renforcé, et le T. C.
est complété dans les angles supérieurs.

Le cuivre existe (Académie de San Fernando).

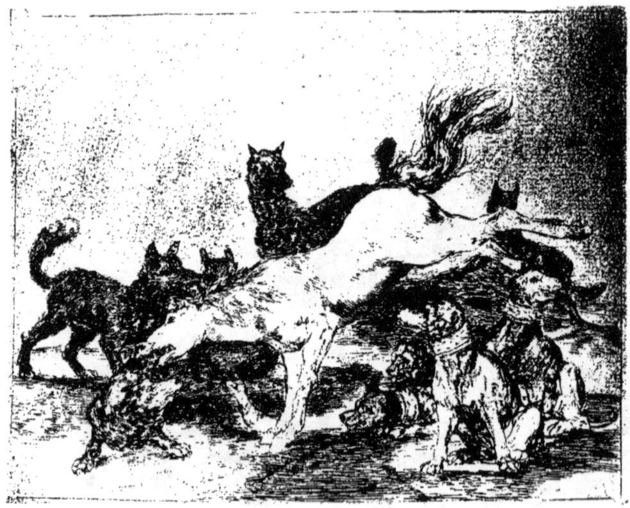

2ᵉ État.

Planche 78 des **Désastres de la Guerre**.

1ᵉʳ État. Avant la lettre, avant le nᵒ, avant le T. C. complété et avant quelques travaux au premier plan, devant les chiens de droite, puis sous le ventre du cheval. Le cuivre n'est pas biseauté. De toute rareté. Bibliothèque Nationale, Madrid.

2ᵉ ··· Encore avant la lettre et avant le T. C. complété, mais avec le nᵒ 78 en H. à G., en marge, et les travaux indiqués ci-dessus. Très rare. **L'État reproduit.** Cabinet des Estampes, Paris, Kupferstiche Kabinet, Berlin, Mᵐᵉ Jay, MM. Pedro Gil, Hofmann fils.

3ᵉ · Avec la lettre : *Se defiende bien*. Le T. C. est complété et le cuivre est biseauté. Le chiffre 7 est renforcé.

Le cuivre existe (Académie de San Fernando).

(L. 182 millim. H. 144)

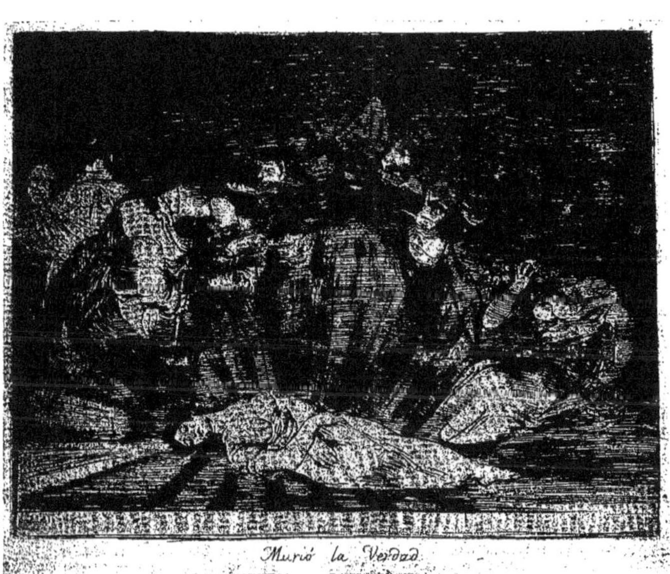

3ᵉ Etat.

Planche 79 des **Désastres de la Guerre**.

1ᵉʳ Etat.   Avant la lettre et avant le nº. La planche n'est pas biseautée, les angles sont aigus. De toute
rareté.

2ᵉ   —   Encore avant la lettre, mais avec le nº 79, en H. à G., en marge. Très rare. Cabinet des Estampes,
Paris, Kupferstiche Kabinet, Berlin, Mⁱˢ lay, M, Pedro Gil.

3ᵉ   —   Avec la lettre. Le cuivre est biseauté, les angles sont arrondis. **L'État reproduit.**

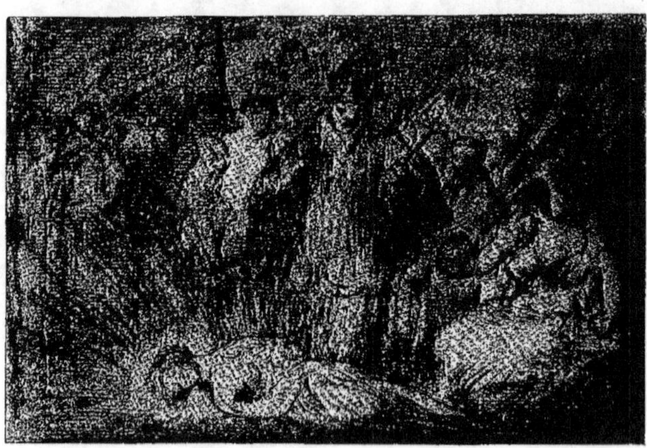

Le **Musée** du **Prado** possède un dessin préparatoire à la sanguine pour cette planche ; ce dessin offre plusieurs variantes avec l'estampe ; nous en donnons ci-dessus le fac-similé réduit.

Le cuivre existe (Académie de San Fernando).

199. — SI RESUCITARA? (RESSUSCITERA-T-ELLE?)

(L. 186 millim. H. 143)

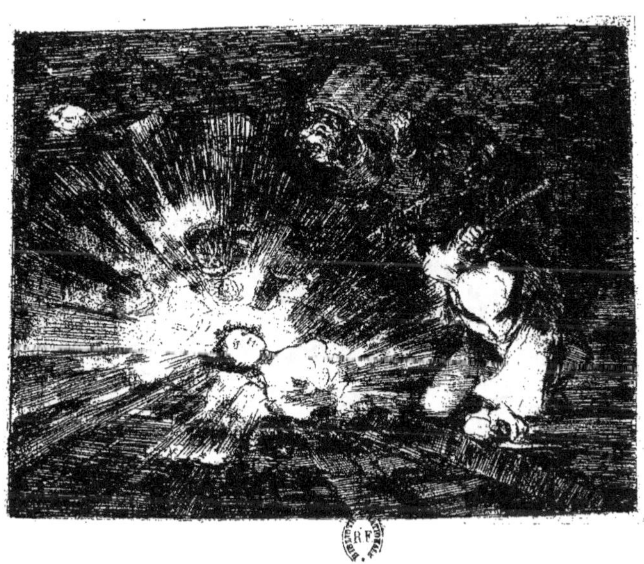

Planche 80 des **Désastres de la Guerre.**

1er Etat.   Avant la lettre et avant le numéro. Le cuivre n'est pas biseauté, les angles sont aigus. De toute rareté.

2e   —   Avec le n° 80, en H. à G., en marge, mais encore avant la lettre. Très rare. Cabinet des Estampes, Paris, Kupferstiche Kabinet, Berlin, Mme Jay, MM. Pedro Gil, Hofmann fils.

3e   —   Avec la lettre : *Si resucitara?* Le cuivre est biseauté, les angles sont arrondis.

Le **Musée du Prado** possède un dessin préparatoire à la sanguine pour cette planche ; ce dessin offre quelques variantes avec l'estampe.

Le cuivre existe (Académie de San Fernando).

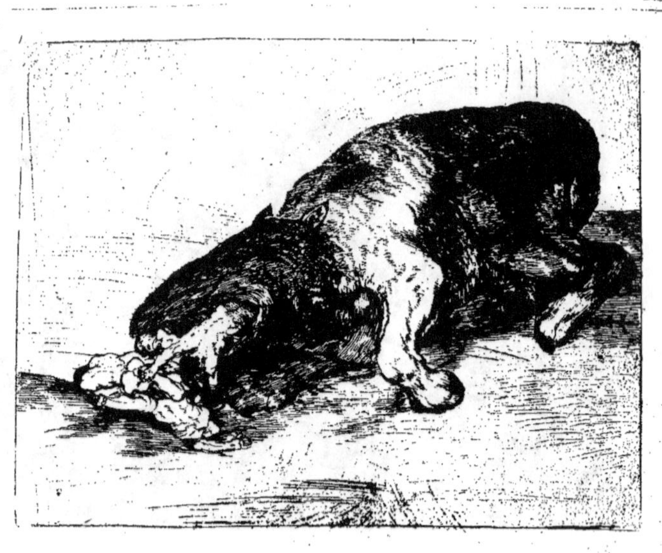

2ᵉ État.

Planche 81 des **Désastres de la Guerre**.

1ᵉʳ État. Avant les tailles horizontales à la pointe sèche devant la tête du monstre, ainsi que sur le devant du terrain; également avant le nᵒ et avant que le T. C. n'ait été renforcé. De toute rareté. Bibliothèque Nationale. Madrid.

2ᵉ — Avec les travaux désignés ci-dessus, et avec le nᵒ 81, en H. à G., le plus souvent mal venu. **L'État reproduit.** Cabinet des Estampes. Paris, MM. Gerstenberg, P. Gil, Hofmann fils.

VENTES : E. Galichon (1875). 55 fr.: A. Lebrun (1899). 30 fr.: Anonyme, 11 février 1914, 115 fr.

Le cuivre de cette pièce qui avait été retrouvé par Lefort, après l'acquisition faite par l'**Académie de San Fernando** de la série des 80 planches, a été offert par celui-ci à cette institution.

Le cuivre existe (Académie de San Fernando).

201. — ESTO ES LA VERDADERO (CECI EST LE VRAI)

(L. 191 millim. H. 152)

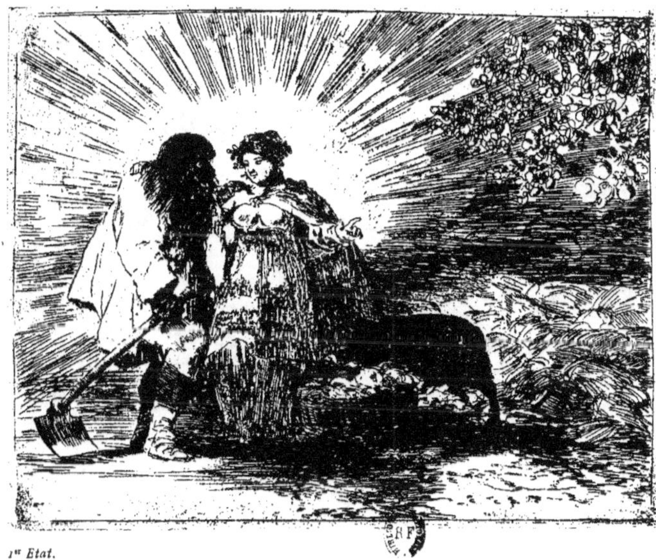

1ʳ État.

Planche 82 des **Désastres de la Guerre.**

———

1ᵉʳ **État.** A l'eau-forte pure et avant divers travaux, notamment sur la robe et le manteau de la femme. Avec le n° 82, en H. à G., en marge. De toute rareté. **Etat reproduit.** Collection de M. Pedro Gil.

2ᵉ — Avec l'addition d'un grain d'aqua-tinte sur quelques parties de la planche et avec de nouveaux travaux sur la robe et le manteau de la femme, ainsi que sur le mouton. **Etat reproduit.** Bibliothèque Nationale, Madrid, Cabinet des Estampes, Paris, Bibliothèque de l'Université, Paris, Kunsthalle de Brème, Mᵐᵉ Jay, M. Hofmann fils.

———

VENTES : P. Lefort (1869), 2ᵉ état, 10 fr. 50 et 11 fr.; Ph. Burty (Londres, 1876), avec le n° précédent, 18 sh.; Alfred Lebrun (1899), 2ᵉ état, 51 fr. ; L. Valentin (1912), 2ᵉ état, avec les nᵒˢ 12 et 24, de notre cat., 155 fr.

———

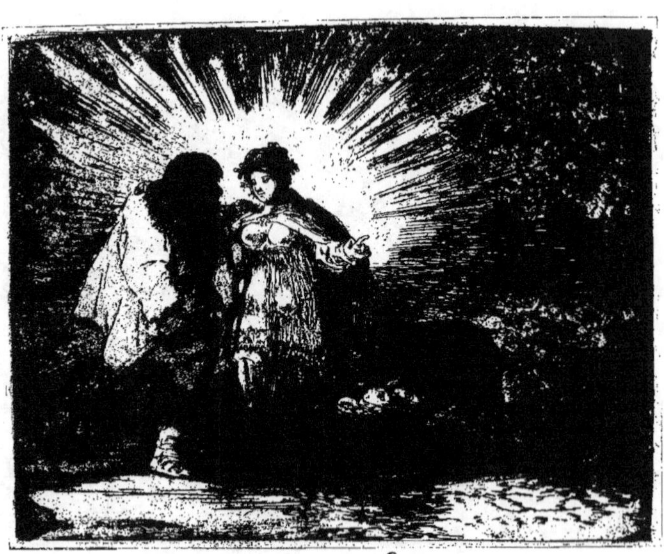

2ᵉ *Etat.*

Le cuivre de cette pièce qui avait été retrouvé par Paul Lefort, après l'acquisition faite par l'Académie de San Fernando, de Madrid, de la série des 80 planches, a été offert par l'historiographe de Goya à cette institution.

Cette pièce a été reproduite plusieurs fois, notamment dans une étude sur **Goya aqua-fortiste**, de Ch. Yriarte (**L'Art**, année 1877, t. II, p. 81), puis dans le **Goya grabador**, de A. de Beructe.

Le **Musée** du **Prado** possède le dessin préparatoire à la sanguine pour cette planche.

Le cuivre existe (Académie de San Fernando).

LES SOTTISES ou LES EXTRAVAGANCES

(DISPARATES)

(Publiées sous le titre : LOS PROVERBIOS)

SUITE DE DIX-HUIT PIÈCES

(N⁰ˢ 202 à 219)

L'on connaît fort peu de très belles épreuves des pièces appartenant à la série plus communément dénommée les PROVERBES (LOS PROVERBIOS), mais dont l'appellation véritable devait être, dans l'esprit du maître, les EXTRAVAGANCES ou les SOTTISES (DISPARATES), en s'appuyant, avec raison d'ailleurs, comme l'a fait A. de Beruete, sur les rares exemplaires annotés par Goya et portant tous ce titre généralisé : DISPARATES. Seules, quelques-unes de ces très précieuses épreuves d'*essai* sont parvenues jusqu'à nous, et la plupart appartiennent à M. José Lazaro, à Madrid.

Le premier tirage régulier qui a été fait des EXTRAVAGANCES (DISPARATES) ne remonte pas au-delà de l'année 1850, alors que les cuivres, au nombre de 18, étaient en partie oxydés; et, sans partager complètement l'avis de Paul Lefort qui pense que la majorité d'entre eux ont été aqua-tintés par leur possesseur ou à son instigation, nous croyons, après la constatation de nombreuses défectuosités, que ces cuivres furent pour la seconde édition (1864) ré-aqua-tintés ou remordus et retouchés assez lourdement.

Le propriétaire des cuivres, au moment de la première édition (1850), était un industriel de Madrid, dont le nom est resté inconnu et qui en fit tirer des épreuves sur papier vélin, sans filigrane. Les pièces, non numérotées, sont avant les remorsures, et pour quelques planches avant des retouches partielles étrangères à Goya. Plusieurs sont d'un assez joli effet blond que l'on ne rencontre plus dans les tirages suivants; par contre, les autres planches sont oxydées ou fort dépouillées.

Devenus la propriété de l'État espagnol, les cuivres des DISPARATES (EXTRAVAGANCES) firent l'objet d'un nouveau tirage (1864), tirage exécuté avec plus de lourdeur, mais avec plus de soin, après le nettoyage des plaques. Les épreuves de cette seconde édition, limitée à 250 exemplaires encore non numé-rotés, sur papier collé assez fort, au filigrane J. G. O. (José Garcia Oseñalde), sont renfermées sous une couverture verte et précédées du titre reproduit à la page suivante

L'année même de l'apparition des **Disparates** sous le titre : LOS PROVERBIOS, Enrique Mélida émit des doutes sur l'impropriété de ce titre, dans *El Arte en España*. Les épreuves d'*essai* retrouvées depuis lors, ont donné raison à la sagacité du critique espagnol.

. A quelle date fut gravée cette série? Combien de pièces devait-elle exactement renfermer? Paul Lefort, se basant sur de fragiles suppositions politiques, propose la date de 1810. A. de Beruete, au contraire, se rangeant à l'avis de V. Carderera, puis de Ch. Yriarte qui qualifie cette série, *le dernier coup de tonnerre du génie de Goya*, opine pour l'année 1819. Faute de documents précis, l'on ne peut s'en tenir qu'à des conjectures.

En ce qui concerne le nombre des planches des EXTRAVAGANCES ou SOTTISES, dix-huit d'entre elles furent publiées, et quatre autres restées *inédites* ne virent le jour qu'en 1877, lors d'un tirage effectué dans le journal **L'Art**. Faut-il s'en tenir à ce chiffre de vingt-deux pièces, alors qu'une épreuve d'*essai* d'une des planches (planche 10), porte en marge de la main même de Goya le chiffre 25? Existe-t-il encore plusieurs planches destinées par l'artiste à cette série toute d'imagination, de songe, de singularité, et qui auraient échappé jusqu'à ce jour à toutes les recherches? Cela n'est pas impossible.

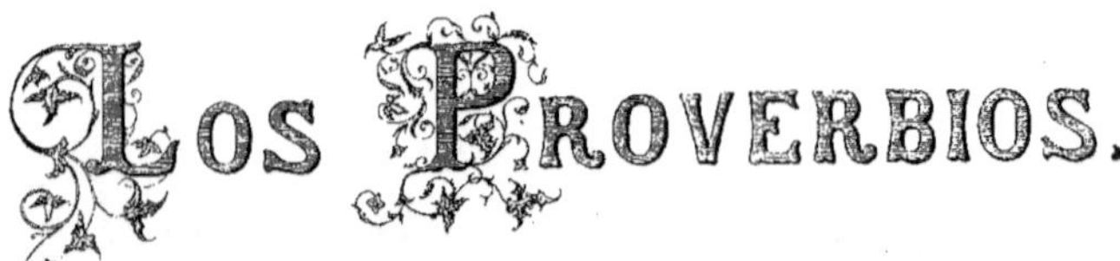

Coleccion de diez y ocho láminas inventadas y grabadas al agua fuerte

POR

DON FRANCISCO GOYA.

Publicala la R! Academia de Nobles Artes de San Fernando.

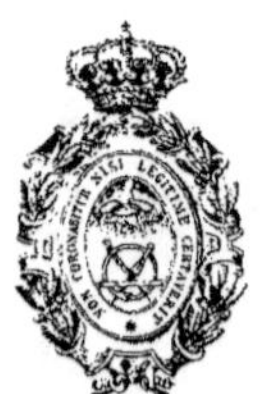

MADRID
1864.

Lit. de J. Aragon, Urosas 10.

Depuis 1864, quatre autres tirages ont été publiés des EXTRAVAGANCES (DISPARATES); l'un vers 1865 ou 1866, également sur papier au filigrane J. G. O. de l'édition précédente, mais *avec* les numéros gravés dans la marge du haut à droite, à chaque pièce ; un autre en 1891, sur papier vélin, sans filigrane, avec le même titre, enfin en 1902, également sur papier vélin, sans filigrane, encore avec le même titre suivi des mots : *Nobles Artes-Bellas Artes, Madrid, 1902*, puis en 1904, toujours avec le même titre, mais suivi de : *Bellas Artes-Madrid, 1904*. Les derniers tirages sont exécutés avec quelque lourdeur, ceux de 1902 et de 1904 notamment.

Toutes les éditions des EXTRAVAGANGES comportent le même nombre de planches (18); les quatre cuivres *inédits*, après avoir appartenu au journal *L'Art*, furent acquis, à la liquidation de cette revue, par le marchand d'estampes Edmond Sagot, et sont actuellement la propriété de M. Maurice Le Garrec, son gendre.

VENTES : Ph. Burty (Londres, 1876), édition de 1864, 7 £ 17 sh. ; Léon Manchon (1911), 1864, 130 fr. ; Roger Marx (1914), 1864, 280 fr. ; Alf. Beurdeley (1920), 1864, 500 fr.

---

202. — DISPARATE FEMENINO (SOTTISE FÉMININE)

(L. 320 millim. H. 213)

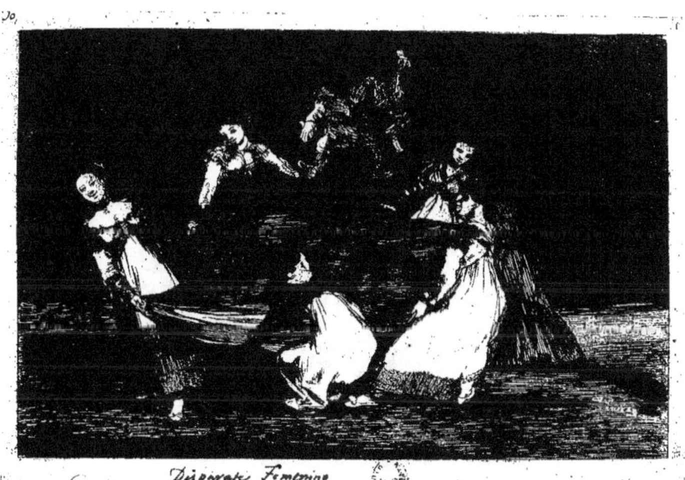

1ᵉʳ Etat.

Planche 1 des Disparates ou Proverbes.

———

1ᵉʳ Etat. Avec un léger ton d'aqua-tinte. Avec un grand nombre de tailles verticales à la pointe sèche,
derrière la maja de gauche, tailles qui ont disparu dans les états suivants. Avant le nᵒ. Fort
rare. **L'État reproduit.** Collections de MM. José Lazaro, Madrid (épreuve de Vindel, avec la
légende *manuscrite :* **Disparate Femenino**, et les nᵒˢ 10 et 16 tracés à l'encre en H. et à G.
dans le haut), Mᶜᵉ Pereire.

2ᵉ — Toujours avant le nᵒ, mais le fond d'aqua-tinte est remordu et les tailles verticales croisant les
horizontales ont disparu. Rare.

3ᵉ — Avec le nᵒ 1, en H. à D., en marge.

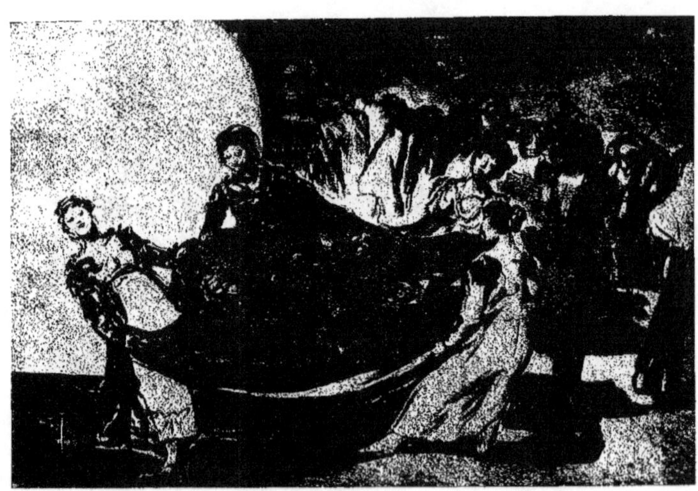

Sur une épreuve de la collection de M. Maurice Pereire on lit la légende *manuscrite* suivante :
Con los burros se juega a los peleles (Avec les ânes on joue à la balle).

Le **Musée du Prado** conserve une première pensée de cette composition, qui offre avec l'estampe d'assez nombreuses variantes ; nous en donnons ci-dessus une reproduction réduite.

A. de Beruete, dans son **Goya grabador**, constate quelque analogie entre cette planche et un carton de tapisserie de Goya intitulé : **El Pelele**.

Le cuivre existe (Académie de San Fernando).

203. — DISPARATE DE MIEDO (SOTTISE DE FRAYEUR)

(L. 319 millim. H. 220)

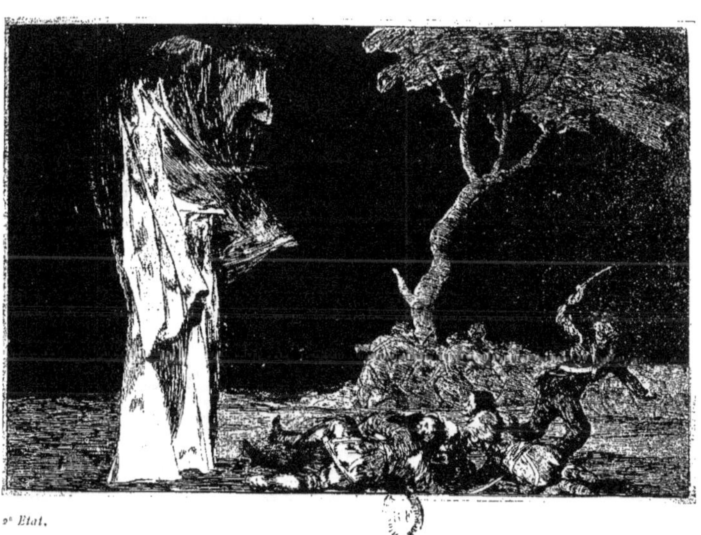

2ᵉ État.

Planche 2 des **Disparates** ou **Proverbes**.

1ᵉʳ État. Avant le numéro, avant la remorsure, et avant un effaçage vers le haut de la robe du fantôme
qui entame un peu le fond, et forme vaguement un sabre? De toute rareté. Collection de
M. J. Lazaro, Madrid (épreuve de Vindel, avec un n° 13 tracé à l'encre, en H. à G.).

2ᵉ — Encore avant le numéro et avant la remorsure, mais avec l'effaçage indiqué ci-dessus. Dans
les très belles épreuves, on aperçoit une *légère* silhouette d'un second arbre. Rare. L'État
reproduit. Collection de M. Maurice Pereire.

3ᵉ — Avec le n° 2, en H. à D., en marge; le grain d'aqua-tinte est remordu.

VENTE : A. Beurdeley (1920), état, épreuve de Burty, 1.300 fr.

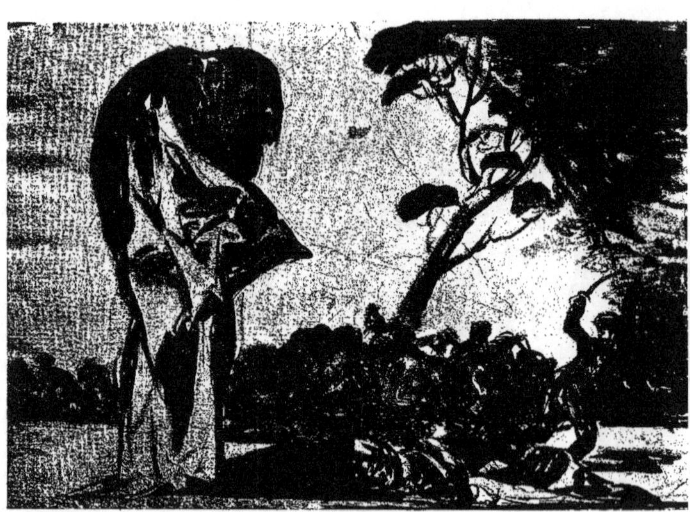

Le **Musée** du **Prado** conserve un dessin préparatoire pour cette planche; nous en donnons ci-dessus
une reproduction réduite.

———————

Cette pièce a quelque analogie avec la planche 52 des **Caprices** : *Lo que puede un sastre* (Ce que
peut un tailleur).

———————

Le cuivre existe (Académie de San Fernando).

(L. 323 millim. H. 213)

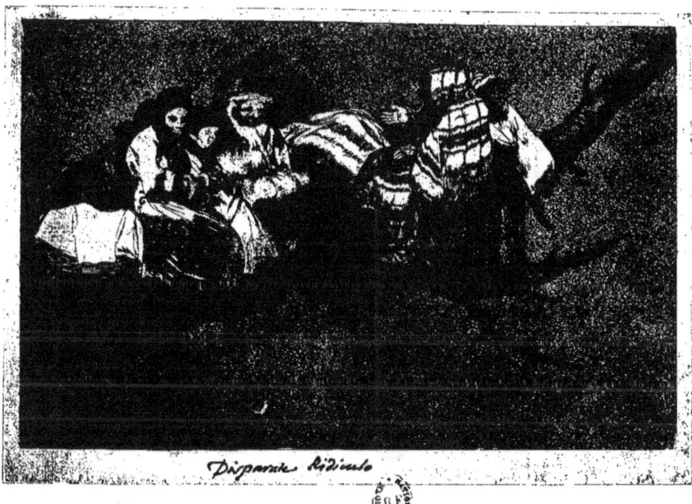

1ᵉʳ État.

Planche 3 des **Disparates** ou **Proverbes**.

1ᵉʳ État. Avant le numéro et avant la remorsure. Les épreuves anciennes sont fort rares. Collection de
M. J. Lazaro (épr. de Vindel), avec un nº 9 dans l'angle supérieur gauche, un nº 18 à l'angle
supérieur droit et la légende *manuscrite :* **Disparate** ridiculo, dans la marge du bas. L'État
reproduit.

2ᵉ — La planche est remordue, mais encore avant le nº. Rare.

3ᵉ — Avec le nº 3, en H. à D., en marge.

VENTE : Alfred Beurdeley (1920), épr. de Burty, 219 fr.

Cette planche a été reproduite dans le **Francisco Goya**, de K. Bertels.

Le cuivre existe (Académie de San Fernando).

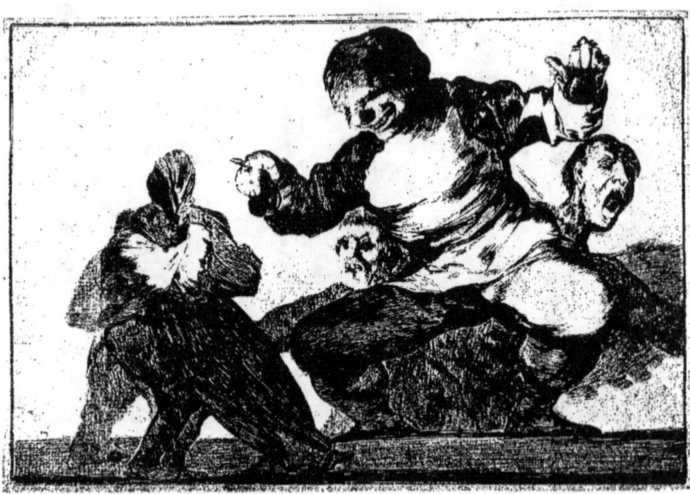

1er État.

Planche 4 des **Disparates** ou **Proverbes**.

1er État. A l'eau-forte pure; avec *deux* personnages soutenant le mannequin à gauche; avant le n°. De toute rareté. L'**État reproduit**. Bibliothèque de l'Université, Paris, Kunsthalle de Brême (épreuve de Ph. Burty).

2e — Avec l'aqua-tinte. Le second personnage à gauche soutenant le mannequin a disparu; mais avant diverses retouches, notamment avant que divers contours des personnages n'aient été renforcés et avant que le pantalon du « grand niais » n'ait été surélevé. Avant le n°.

3e — Avec le n° 4, en H. à D., en marge. Les contours de plusieurs des personnages sont assez lourdement et malencontreusement renforcés.

Sur une épreuve possédée par M. Maurice Pereire on lit, écrit au crayon, en marge : **Bobabilicon**. Est-ce le titre définitif donné par Goya à son œuvre?

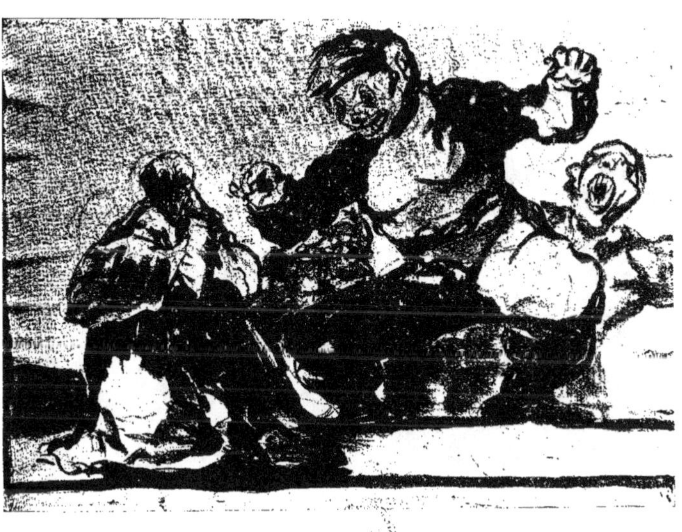

VENTES : P. Lefort (1869), 14 et 15 fr.; Ph. Burty (Londres, 1876), 1er état, 1 £ 2 sh.; 2e état, 1 £ 2 sh.
Anonyme (16 mai 1903), 1er état, 25 fr.; A. Bourdeley (1920), 2e état (épr. de Burty), 550 fr.

Le **Musée du Prado** possède un dessin préparatoire pour cette planche ; nous en donnons ci-dessus un fac-similé réduit.

Le cuivre existe (Académie de San Fernando).

(L. 324 millim. H. 216)

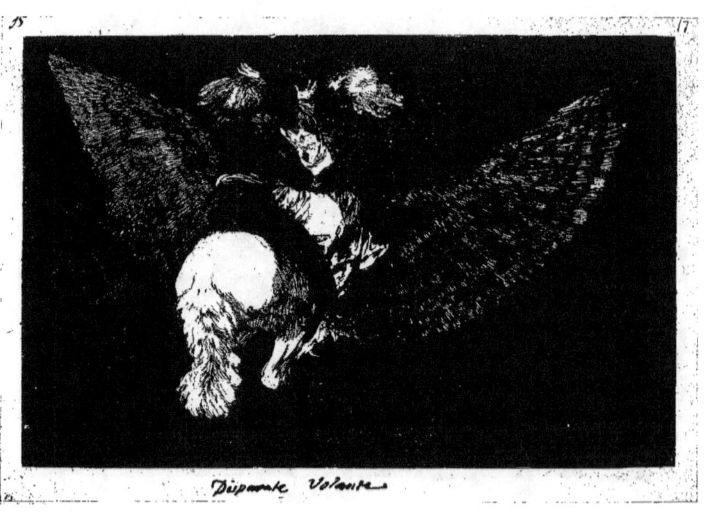

1ᵉʳ *État*

Planche 5 des **Disparates** ou **Proverbes.**

1ᵉʳ État.   Avant la remorsure et avant le nᵒ. Très rare. Collections de MM. Mᵐᵉ Pereire, J. Lazaro
(épreuve de Vindel avec l'annotation *manuscrite* : **Disparate volante** et les nᵒˢ 15 et 17, tracés
à l'encre dans la marge, en H. à D, et à G.). L'État reproduit.

2ᵉ   —   La planche est remordue. Encore avant le numéro.

3ᵉ   —   Avec le nᵒ 5, en H. à D., en marge.

Le cuivre existe (Académie de San Fernando).

207. — DISPARATE FURIOSO (FURIEUSE SOTTISE)
(L. 317 millim. H. 217).

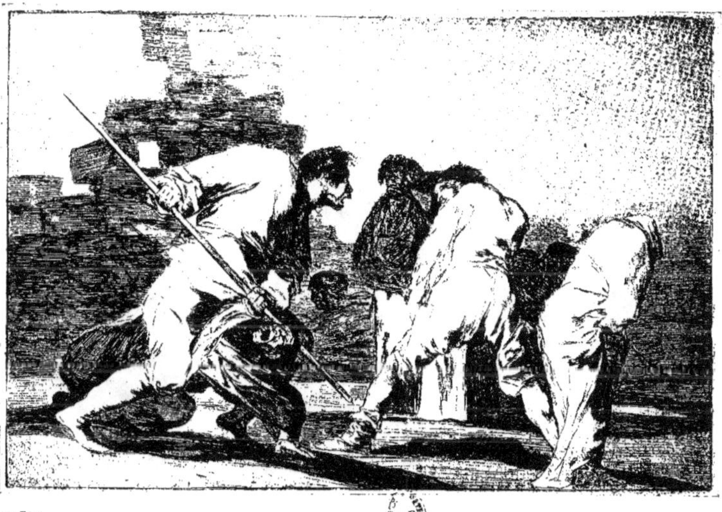

1er État.

Planche 6 des **Disparates** ou **Proverbes.**

1er État. A l'eau-forte pure. De toute rareté. **L'État reproduit.** Collection J. Lazaro, Madrid (épr. avec
le n° 2, *manuscrit*).

2e — Avec le grain d'aqua-tinte, mais encore avant le n° et avant la remorsure. Très rare. Cabinet
des Estampes, Paris.

3e — La planche est remordue lourdement. Encore avant le n°. Rare.

4e — Avec le n° 6, en H. à D., en marge.

VENTE : A. Beurdeley (1920), 2e état, 280 fr.

La **Musée du Prado** possède un dessin préparatoire à la sépia offrant des variantes.

Le cuivre existe (Académie de San Fernando).

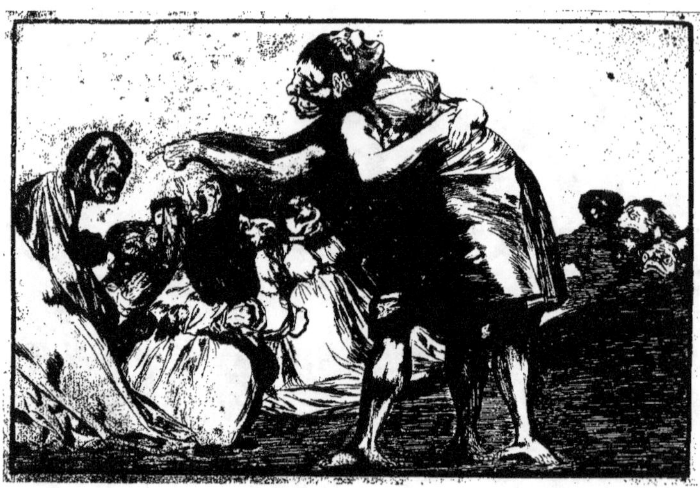

1ᵉʳ Etat.

Planche 7 des **Disparates ou Proverbes.**

1ᵉʳ Etat. Avant le fond d'aqua-tinte et avant le nᵒ. De toute rareté. **L'État reproduit.** Collection J. Lazaro, Madrid (épreuve avec le chiffre *1ᵉ* transcrit à la plume, en H. à G.).

2ᵉ — Encore avant le nᵒ, mais avec un fond d'aqua-tinte. De plus, le personnage à gauche, contre le T. C., a la tête beaucoup plus engoncée dans son vêtement, et quelques travaux ont été enlevés sur la poitrine du monstre à deux corps. Rare. Cabinet des Estampes, Paris, M. Mᵐᵉ Pereire.

3ᵉ — Toujours avant le nᵒ, mais le fond d'aqua-tinte est remordu et est devenu presque opaque.

4ᵉ — Avec le nᵒ 7, en H. à D., en marge.

Le cuivre existe (Académie de San Fernando).

(L. 319 millim. H. 213)

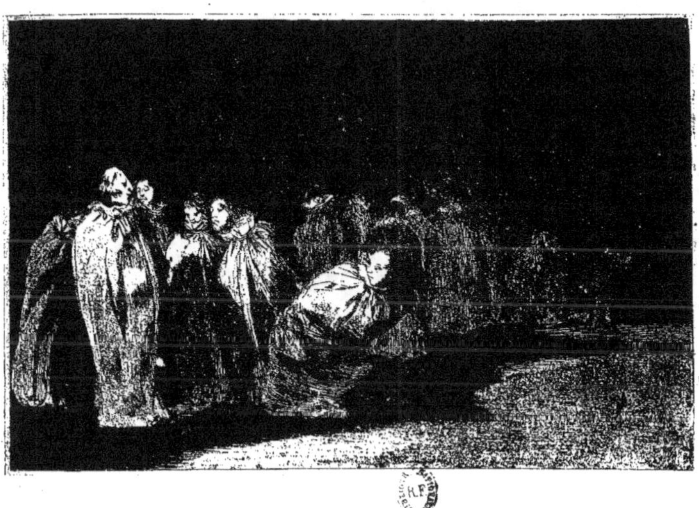

Planche 8 des **Disparates** ou **Proverbes**.

———

1ᵉʳ État.   Avant le nᵒ et avant la remorsure du grain d'aqua-tinte. Rare.

2ᵉ   —   Avec le nᵒ 8, en H. à D., en marge. L'aqua-tinte est remordue. Le fond est opaque.

———

On ne connaît, jusqu'à ce jour, aucune épreuve de cette pièce, *avec* la légende donnée par Goya, qui permettrait alors d'inscrire son œuvre sous une dénomination exacte.

Le cuivre existe (Académie de San Fernando).

210. — DISPARATE GENERAL (SOTTISE GÉNÉRALE)

(L. 325 millim. H. 217)

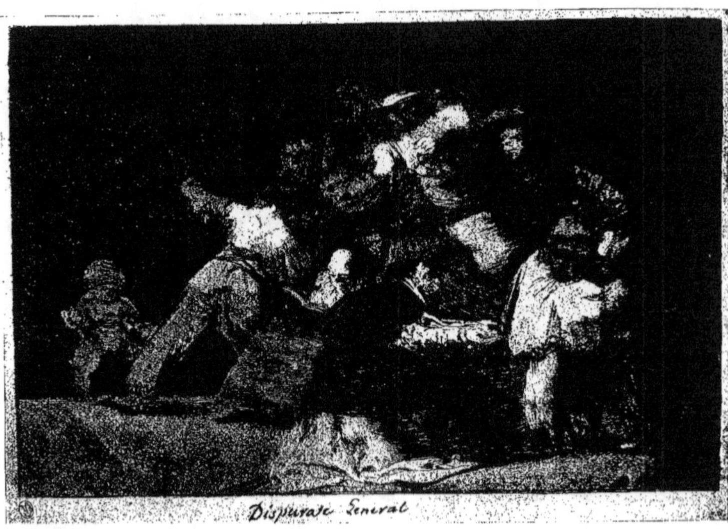

1ᵉʳ Etat.

Planche 9 des Disparates ou **Proverbes.**[1]

1ᵉʳ Etat.　Avant le nᵒ et avant la remorsure. **L'Etat** reproduit. Les épreuves anciennes sont fort rares.

2ᵉ　—　Avec le nᵒ 9, en H. à D., en marge et avec la remorsure ; le fond est presque complètement opaque.

VENTE : Alf. Beurdeley (1920), 1ᵉʳ état, épr. de Burty, avec la légende manuscrite : *Disparate General*, 2.450 fr.

« Cette curieuse scène de cour, qui n'est guère qu'une satire contre les platitudes courtisanesques, « en même temps qu'une allusion railleuse à l'affection que la reine Marie-Louise prodiguait à ses petits « chats, doit sans aucun doute à l'inintelligente coloration dont l'a dotée le tirage de 1864 d'avoir été prise « par quelques écrivains pour une scène de sorcellerie. » (P. Lefort, Goya). A. de Beruete, dans son **Goya** grabador (1918), ne partage pas cet avis.

Le cuivre existe (Académie de San Fernando).

211. — (LA JEUNE FEMME EMPORTÉE PAR UN CHEVAL QUI SE CABRE)

(L. 313 millim. H. 212).

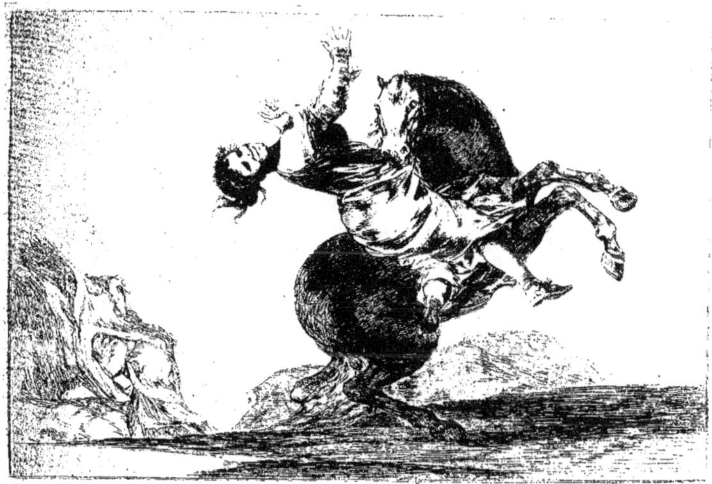

1ᵉʳ Etat.

Planche 10 des **Disparates ou Proverbes**.

1ᵉʳ Etat. A l'eau-forte pure, avant le nᵒ. De toute rareté. British Museum (épr. de Burty), MM. Hofmann
fils, avec le nᵒ 25, manuscrit, en H. à D., Lazaro, Madrid (épr. de Vindel, avec un nᵒˢ 3, manuscrit, en H. à G., en marge). **L'État reproduit.**

2ᵉ — Encore avant le nᵒ, mais avec l'aqua-tinte. Rare. Cabinet des Estampes, Paris.

3ᵉ — Avec le nᵒ 10, en H. à D., en marge. La planche est remordue. L'aqua-tinte qui ombrait le
monstre dévorant un être humain a, à peu près, disparu.

Cette planche a été reproduite dans le **Francisco de Goya**, de J. Hofmann, le **Francisco Goya**, de K.
Bertels, puis dans le **Goya grabador**, de A. de Beruete,

VENTE : Ph. Burty (Londres, 1876), 1ᵉʳ état, 1 £ 8 sh.

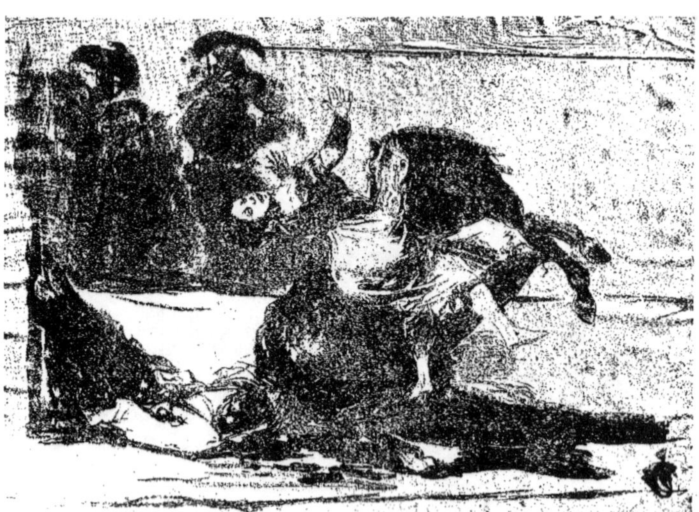

Le Musée du Prado possède un dessin pour cette planche, avec une variante importante; un personnage renversé semble attaché à la queue du cheval; nous donnons ci-dessus, de ce dessin, un fac-simile réduit.

———————

On ne connaît, jusqu'à ce jour, aucune épreuve de cette pièce, *avec* la légende donnée par Goya, qui permettrait alors d'inscrire son œuvre sous une dénomination exacte.

———————

Le cuivre existe (Académie de San Fernando).

212. — DISPARATE POBRE (PAUVRE SOTTISE)

(L. 320 millim. H. 217)

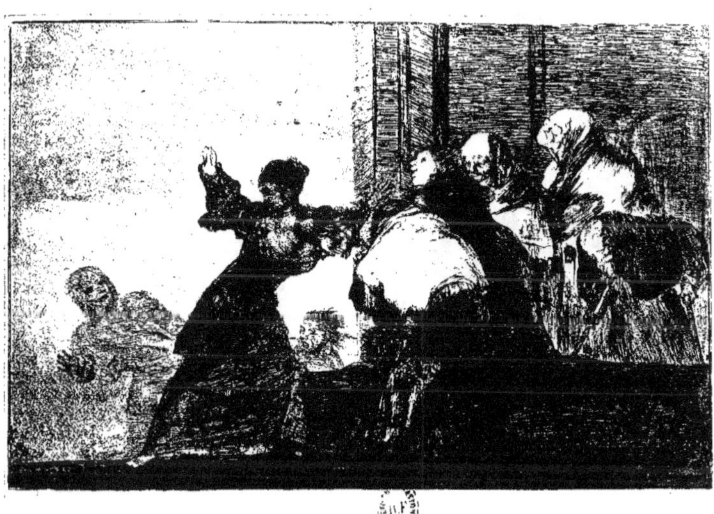

2e Etat.

Planche 11 des **Disparates** ou **Proverbes**.

1er Etat.   Avec le numéro: avec un ciel à l'aqua-tinte à gauche et avant les contre-tailles verticales sous la voûte à droite, derrière la vieille à lunettes. De toute rareté, sinon unique. Collection de M. J. Lazaro, Madrid, avec un n° 14 manuscrit, en H. à G.

2e   —   Encore avec le ciel, mais atténué ; avec l'addition de contre-tailles à la pointe sèche sous la voûte. Très rare. Collections de MM. S. Gerona (avec la légende manuscrite : *Disparate pobre*), Maurice Pereire. L'Etat reproduit.

3e   —   Toujours avant le n°. Mais le ciel est effacé, les contre-tailles sous la voûte ont disparu. Rare. Collection de M. Maurice Pereire.

4e   —   Avec le n° 11 en H. à D., en marge.

Le cuivre existe (Académie de San Fernando).

(L. 322 millim. H. 214)

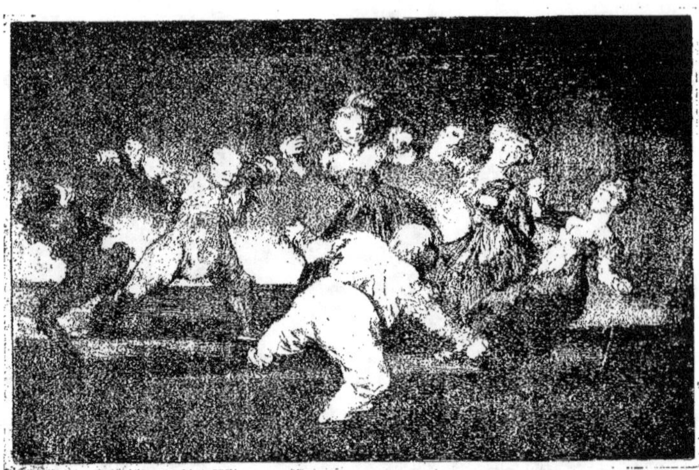

1er État.

Planche 12 des **Disparates** ou **Proverbes**.

1er État. Avant le n°, avant que le fond n'ait été remordu, et avant que le ton d'aqua-tinte qui ombre la robe de la maja de droite n'ait disparu. Très rare. L'État reproduit. Cabinet des Estampes, Paris, M. Maurice Pereire.

2° Avec la remorsure du fond, ainsi que sur quelques autres parties de la planche; l'aqua-tinte qui formait ombre sur la robe de la maja de droite a disparu. Encore avant le n°. Rare.

3° — Avec le n° 12 en H. à D., en marge. L'aqua-tinte est très atténuée et a presque disparu dans une partie du fond et sur la culotte du majo de gauche.

Le **Musée** du **Prado** possède un dessin préparatoire à la sépia pour cette planche.

On ne connaît, jusqu'à ce jour, aucune épreuve de cette pièce, avec la légende donnée par Goya. qui permettrait alors d'inscrire son œuvre sous une dénomination exacte.

Le cuivre existe (Académie de San Fernando).

214. — MODO DE VOLAR (MANIÈRE DE VOLER)
(L. 325 millim. H. 216).

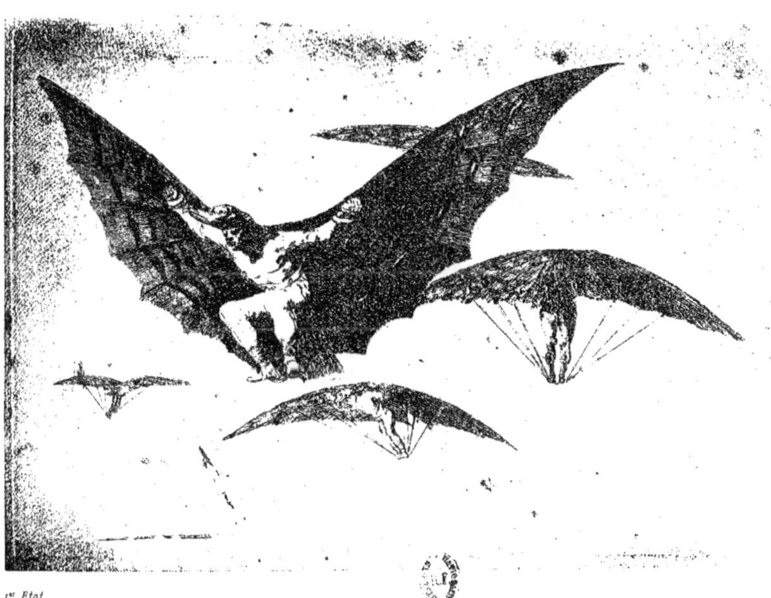

1ᵉʳ État.

Planche 13 des Disparates ou Proverbes.

1ᵉʳ État. A l'eau-forte pure, au fond blanc, avant le nº. De toute rareté. **État reproduit.** Collection Lazaro, Madrid (épreuve de Vindel), avec un nº 4, inscrit à la plume, en H. à G.

2ᵉ — Avec l'aqua-tinte, mais encore avant le nº et avant la remorsure. **État reproduit.** Rare. Collection de M. Maurice Pereire.

3ᵉ — Avec le nº 13 en H. à D., en marge. La planche est remordue, le fond est presque complètement opaque.

VENTE : Alf. Beurdeley (1920), 2ᵉ état, épreuve de Burty, 750 fr.

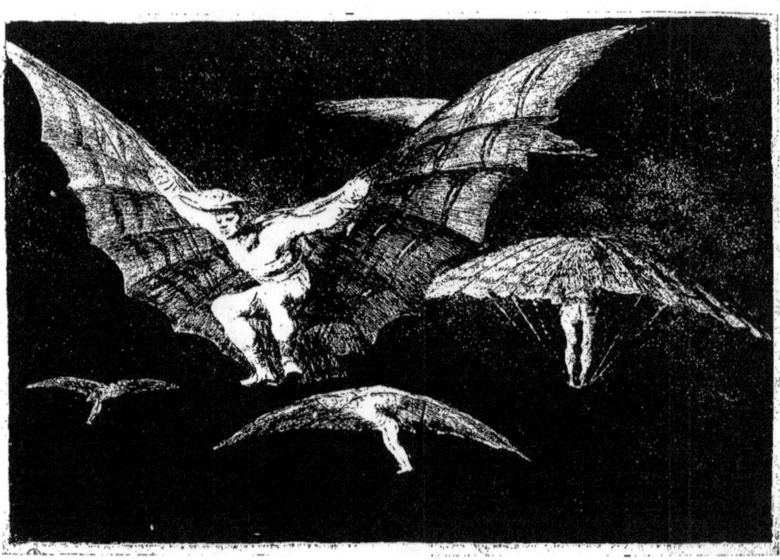

2ᵉ État.

« ... Jamais sa pointe ne s'est montrée plus spirituelle et plus légère ; elle n'est nulle part plus
« savante. Le dessin *en est vraiment superbe*, et c'est, à notre avis, non seulement la meilleure pièce de
« la série, mais encore l'une des plus belles productions de l'artiste. A ce titre, nous la rangeons volon-
« tiers à côté du *Supplicié* (246) et des *Trois prisonniers* (256 à 258), qu'elle égale pour la perfection du
« modelé, pour la justesse du mouvement et la grâce hardie de l'exécution. » (P. Lefort, Goya, p. 88-89.)

Cette pièce a été reproduite dans le Goya, de K. Bertels, l'Histoire Aéronautique par les Monuments,
de F. L. Bruel, puis dans Goya grabador, de A. de Beruete.

Le cuivre existe (Académie de San Fernando).

215. — DISPARATE DE CARNABAL (SOTTISE DE CARNAVAL)

(L. 320 millim. H. 210)

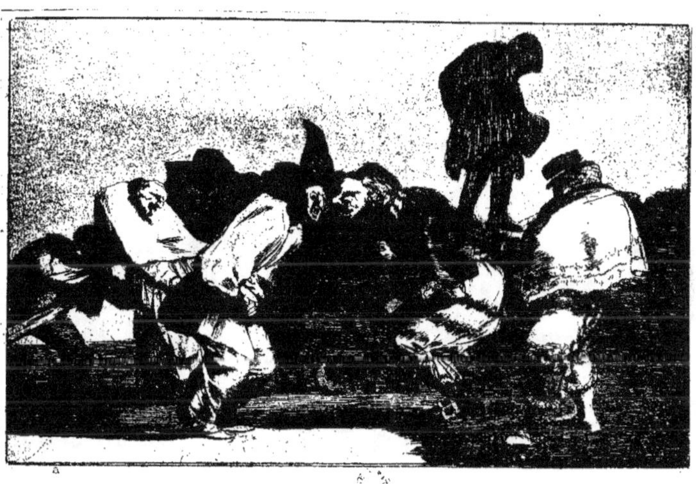

Planche 14 des Proverbes ou Disparates.

1er Etat.   Avant le n°. Rare. Bibliothèque Nationale, Madrid (épreuve avec la légende *manuscrite* : **Disparate de carnabal**).

2e   —   Avec le n° 14 en H. à D., en marge.

« Encore une pièce dont la date d'exécution se trouve, par la présence du soldat français — à demi
« couché à terre — sinon fixée, du moins circonscrite entre les années 1808 et 1813 ; nous pensons même
« qu'elle pourrait être limitée à l'année 1808, sur cette supposition que *l'entrevue* qui nous semble être le
« sujet de cette caricature politique doit être l'entrevue de Bayonne. L'homme aux échasses n'apparaît-il
« pas là pour préciser le lieu de cette conférence ? » (P. Lefort, **Goya**, p. 89-90.)

Le cuivre existe (Académie de San Fernando).

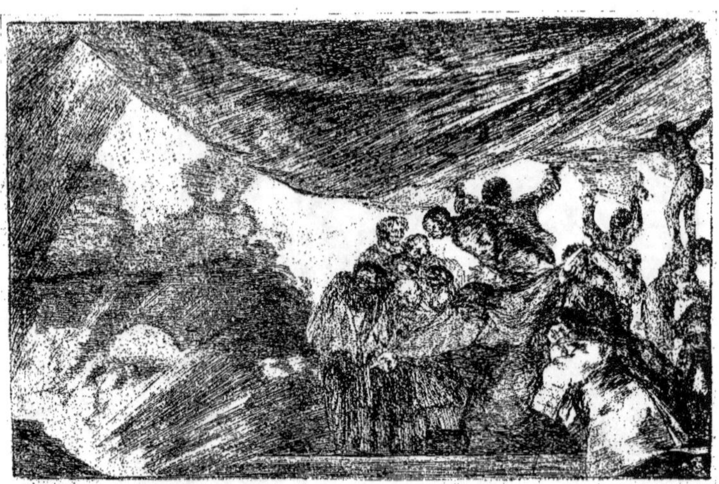

1er État.

Planche 15 des **Disparates ou Proverbes.**

1er État. Avant le soldat précipité dans le gouffre, au premier plan, à gauche, avant deux nouveaux personnages, avant l'aqua-tinte et avant le nº. De toute rareté. **L'État reproduit.** Collection de M. Hofmann fils (épreuve de P. Lefort).

2e — Avec un soldat précipité dans le gouffre à G. ; avec deux nouveaux personnages ajoutés près de ce soldat, et avec l'aqua-tinte ; enfin, derrière la femme debout au premier plan, près du moine aux bras étendus, on ne distingue plus que *trois* têtes au lieu de cinq que l'on entrevoyait dans l'état précédent. Encore avant le nº.

3e — Avec le nº 15 en H. à D., en marge, et avec des retouches.

Le 1er état de cette pièce a été reproduit dans **Goya's Seltene Radierungen**, de V. von Loga, le **Goya**, de J. Hofmann, puis le **Goya grabador**, de A. de Beruete.

VENTE : P. Lefort (1869), 1er état, 25 fr.

Le cuivre existe (Académie de San Fernando).

217. — (LES EXHORTATIONS)

(L. 322 millim. H. 216)

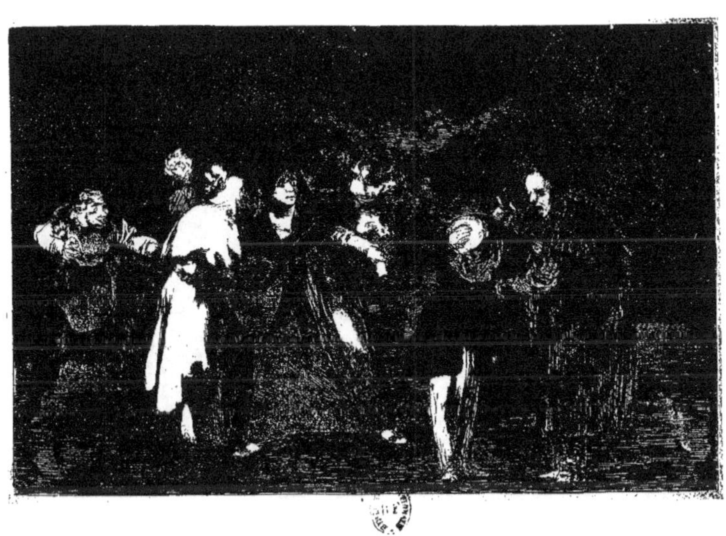

Planche 16 des **Disparates** ou **Proverbes**.

1er Etat.   Avant le numéro et avant la remorsure. Rare.

2e   —   Avec le n° 16, en H. à D., en marge. La planche est remordue, le fond est presque complètement opaque.

Le **Musée** du **Prado** possède le dessin préparatoire à la sépia pour cette planche, offrant des variantes
avec l'estampe.

On ne connaît jusqu'à ce jour aucune épreuve de cette pièce, *avec* la légende donnée par Goya, qui
permettrait alors d'inscrire son œuvre sous une dénomination exacte.

Le cuivre existe (Académie de San Fernando).

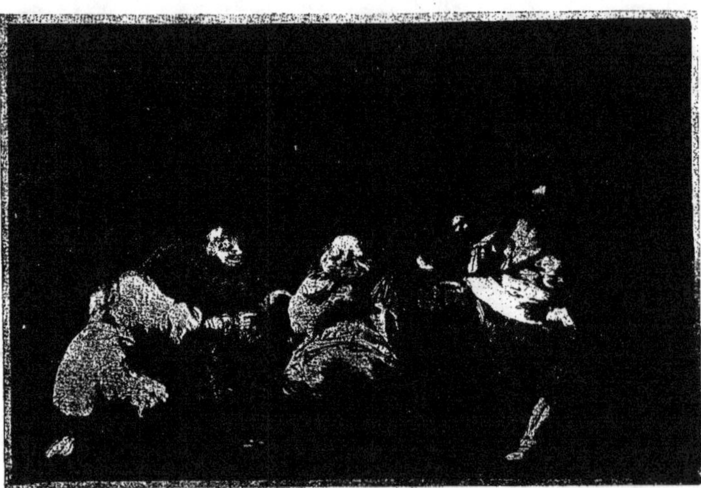

1ᵉʳ Etat.

Planche 17 des **Disparates ou Proverbes.**

1ᵉʳ Etat.   Avant le nᵒ et avant que le fond d'aqua-tinte n'ait été remordu. Avec un trait échappé sur la jambe droite du personnage du premier plan, à droite. Très rare. **L'État reproduit.** Collection de M. Maurice Pereire.

2ᵉ   —   Encore avant le nᵒ, mais le fond est remordu, ainsi que quelques autres parties de la planche. Le trait échappé a disparu.

3ᵉ   —   Avec le nᵒ 17 en H. à D., dans la marge.

Sur une épreuve appartenant à M. Maurice Pereire on lit la légende *manuscrite* suivante : **La Lealtad.** Est-ce le titre définitif donné par Goya à son œuvre ?

Le cuivre existe (Académie de San Fernando).

(L. 319 millim. H. 210)

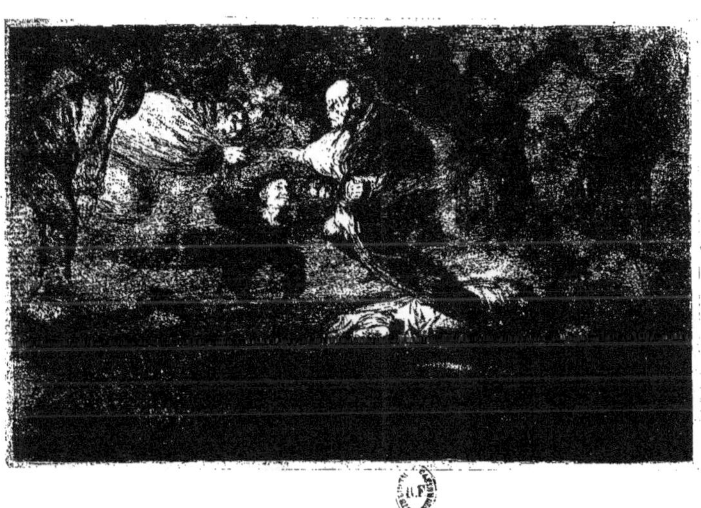

Planche 18 des **Disparates** ou **Proverbes**.

1ᵉʳ État.   Avant le nᵒ et avant quelques légères modifications dans le vêtement de l'homme couché. Rare. Collection de M. S. Gerona.

2ᵉ   —   Avec la retouche et avec le nᵒ 18 en H. à D., en marge.

On ne connaît jusqu'à ce jour aucune épreuve de cette pièce, *avec* la légende donnée par Goya, qui permettrait alors d'inscrire son œuvre sous une dénomination exacte.

Le cuivre existe (Académie de San Fernando).

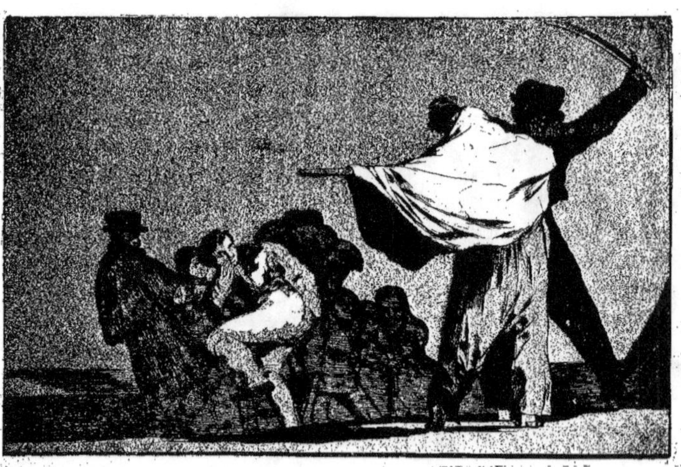

1er Etat. Avant toute lettre. Les épreuves anciennes sont presque introuvables. Collection de M. J. Lazaro (épr. de Vindel, avec la légende *manuscrite* : **Disparate conocido**, et un n° 20).

2e — Avec la lettre. On lit sous le T. C. à G. : *Goya inv. et sc.*, puis au M., dans la marge : **Que guerrero!** (Quel guerrier !) Etat publié dans **L'Art** (année 1877, t. II, p. 56).

VENTES : A. Barrion (1904), avec le n° 221 de notre cat., 62 fr.; P. Leroi (Léon Gauchez), 1907, le *cuivre original* et 33 épr., 70 fr.; V. van Gogh (1915), 1er état, 13 florins.

Cette pièce est reproduite dans **Goya grabador**, de A. de Beruete.

Le cuivre existe (il appartient à M. Maurice Le Garrec).

221. — DISPARATE PUNTUAL (PONCTUELLE SOTTISE)
(L. 327 millim. H. 218)

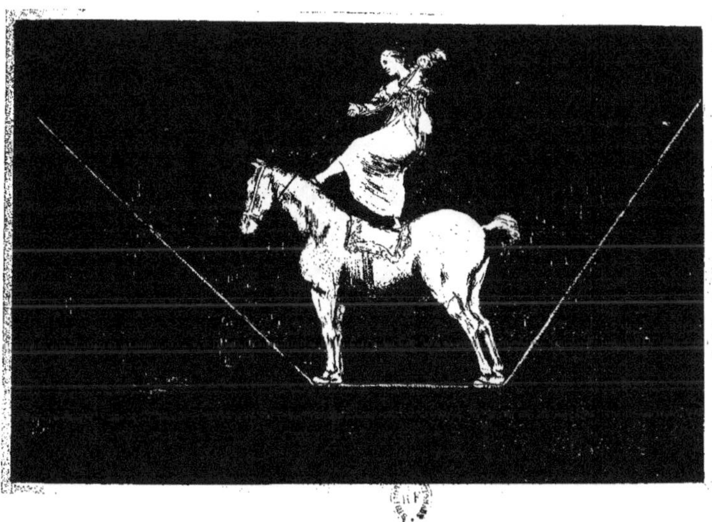

1er Etat.   Avant toute lettre. Les épreuves anciennes sont presque introuvables. Collection J. Lazaro, Madrid (épr. de Vindel avec la légende *manuscrite* : **Disparate puntual et le n° 12**).

2e   —   Avec la lettre. On lit sous le T. C. à G. : *Goya inv. et sc.*, puis au M., dans la marge : **Una reina del circo (Une reine du cirque)**, *L'Art — Frçois Liénard, Imp. Paris.* État publié dans **L'Art** (année 1877, t. II, p. 82).

3e   —   Les mots : *L'Art — Frçois Liénard, Imp. Paris* sont effacés.

VENTES : A. Barrion (1904), avec le n° 220 de notre cat., 62 fr. ; P. Leroi (Léon Gauchez) (1907), le *cuivre original* et 58 épr., 210 fr. ; V. van Gogh (1915), 1er et 2e états, 22 florins,

---

Cette pièce est reproduite dans le Goya grabador, de A. de Beruete.

Le cuivre existe (il appartient à M. Maurice Le Garrec).

222. — DISPARATE DE BESTIA (SOTTISE DE BÊTE)

(L. 325 millim. H. 215)

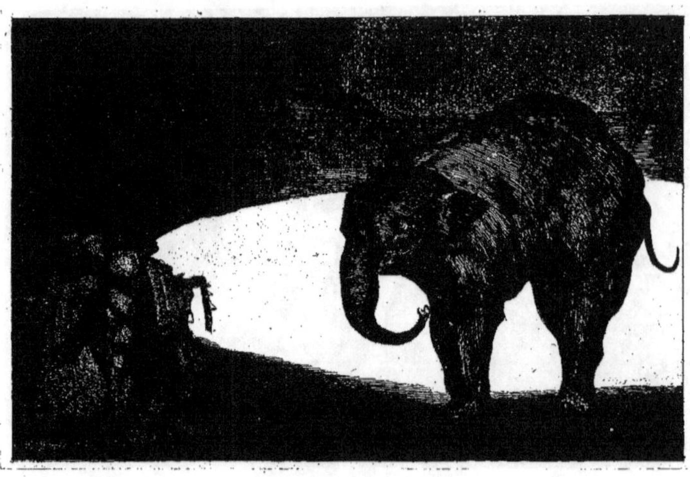

1ᵉʳ Etat. Avant toute lettre. Les épreuves anciennes sont presque introuvables. Collection J. Lazaro, Madrid (épr. de Vindel, avec la légende *manuscrite* : **Disparate de Bestia et le nº 22**).

2ᵉ — Avec la lettre. On lit sous le T. C. à G. : *Goya inv. et sc.*, puis au M., dans la marge : **Otras leyes por el pueblo (Autres lois pour le peuple)**, *L'Art* — *Fçois Liénard, Imp. Paris*. Etat publié dans l'Art (année 1877, t. II, p. 40).

3ᵉ — Les mots : *L'Art* et *Fçois Liénard, Imp. Paris* sont effacés.

————

VENTES : P. Leroi (Léon Gauchez), 1907, le *cuivre original* et 41 épr., 62 fr. ; V. van Gogh (1915), 1ᵉʳ et 2ᵉ états, 21 florins.

————

Cette pièce est reproduite dans le **Goya grabador**, de A. de Beruete.

————

Le cuivre existe (il appartient à M. Maurice Le Garrec).

223. — DISPARATE DE TONTOS (EXTRAVAGANCE DE SOTS)

(L. 322 millim. H. 211)

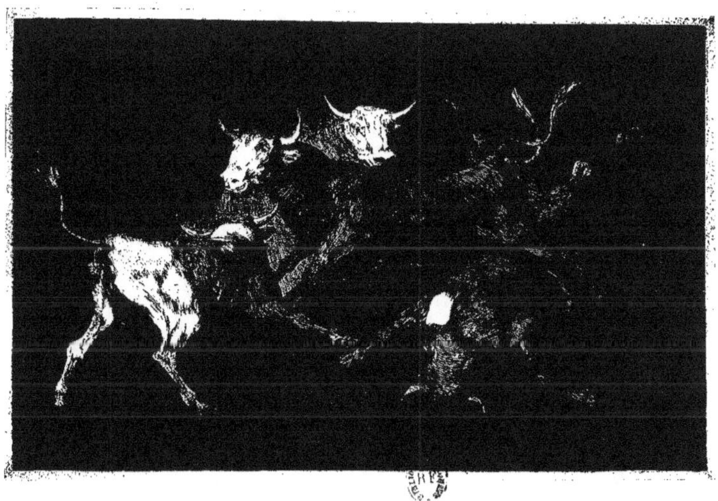

1ᵉʳ Etat. Avant toute lettre. Les épreuves anciennes sont presque introuvables. Collection J. Lazaro, Madrid (épr. de Vindel avec la légende *manuscrite :* **Disparate de Tontos**).

2ᵉ — Avec la lettre. On lit sous le T. C., à G. : *Goya inv. et sc.*, puis dans la marge : **Lluvia de Toros (Pluie de Taureaux)**, *L'Art, Léon Liénard, Imp., Paris.* Etat publié dans L'Art (année 1877. t. II, p. 6).

VENTES : P. Leroi (Léon Gauchez), 1907, le *cuivre original* et 28 épr., 65 fr., V. van Gogh (1915), 1ᵉʳ et 2ᵉ états, 13 florins.

Cette pièce rangée par P. Lefort dans son catalogue, parmi les pièces *inédites* de la Tauromachie, sous le titre : les *Cinq Taureaux*, est reproduite dans **Goya's Seltene Radierungen...** de V. von Loga, puis dans **Goya grabador**, de A. de Beruete.

Le cuivre existe (il appartient à M. Maurice Le Garrec).

LA TAUROMACHIE

SUITE DE TRENTE-TROIS PIÈCES

(Nᵒˢ 224 à 256)

PLANCHES PUBLIÉES PAR LOIZELET

(257 à 263)

PLANCHES INÉDITES

(264 à 267)

En dehors des états d'eau-forte et des essais avant les numéros — qu'on ne rencontre guère d'ailleurs que par unités et isolés — il existe cinq tirages distincts des planches de la Tauromachie.

Le premier tirage effectué vers 1815 (les planches 19, 28 et 31 de la série portent cette date gravée), comprend 33 planches seulement, chiffrées, dans le haut de la marge à droite, de 1 à 33, les cuivres, pour la plupart sans biseaux, quelques-uns à biseau étroit. Les épreuves tirées sur papier a vergeurés, portant en *filigrane*, soit le nom de SERRA, MORATO ou NOLO, sont précédées dans cette première édition d'un texte *typographique* énumérant, sous forme de table, les pièces renfermées dans la série. Nous en donnons ci-dessous le fac-simile :

Treinta y tres estampas que representan diferentes suertes y actitudes del arte de lidiar los Toros, inventadas y grabadas al agua fuerte en Madrid por Don Francisco de Goya y Lucientes.

N.ᵒ 1.ᵒ Modo con que los antiguos españoles cazaban los toros á caballo en el campo.

2. Otro modo de cazar á pie.

3. Los moros establecidos en España, prescindiendo de las supersticiones de su Alcorán, adoptaron ésta caza y arte, y lancean un toro en el campo.

4. Capean otro encerrado.

5. El animoso moro Gazul es el primero que lanceó toros en regla.

6. Los moros hacen otro capeo en plaza con su albornoz.

7. Origen de los arpones ó banderillas.

8. Cogida de un moro estando en la plaza.

9. Un caballero español mata un toro despues de haber perdido el caballo.

10. Carlos V. lanceando un toro en la plaza de Valladolid.

11. El Cid Campeador lanceando otro toro.

12. Desjarrete de la canalla con lanzas, medias-lunas, banderillas y otras armas.

13. Un caballero español en plaza quebrando rejoncillos sin auxilio de los chulos.

14. El diestrísimo estudiante de Falces, embozado burla al toro con sus quiebros.

15. El famoso Martincho poniendo banderillas al quiebro.

16. El mismo vuelca un toro en la plaza de Madrid

17. Palenque de los moros hecho con burros para defenderse del toro embolado.

18. Temeridad de Martincho en la plaza de Zaragoza.

19. Otra locura suya en la misma plaza.

20. Ligereza y atrevimiento de Juanito Apiñani en la de Madrid.

21. Desgracias acaecidas en el tendido de la plaza de Madrid, y muerte del alcalde de Torrejon.

22. Valor varonil de la célebre Pajuelera en la de Zaragoza.

23. Mariano Ceballos, alias el Indio, mata el toro desde su caballo.

24. El mismo Ceballos montado sobre otro toro quiebra rejones en la plaza de Madrid.

25. Echan perros al toro.

26. Caida de un picador de su caballo debajo del toro.

27. El célebre Fernando del Toro, barilarguero, obligando á la fiera con su garrocha.

28. El esforzado Rendon picando un toro, de cuya suerte murió en la plaza de Madrid.

29. Pepe Illo haciendo el recorte al toro.

30. Pedro Romero matando á toro parado.

31. Banderillas de fuego.

32. Dos grupos de picadores arrollados de seguida por un solo toro.

33. La desgraciada muerte de Pepe Illo en la plaza de Madrid.

M. S. Gerona possède un exemplaire exceptionnel de cette 1ʳᵉ édition, provenant de la famille Muguiro et qui formé au fur et à mesure, ne renfermait à l'origine que 32 planches; il fut complété par la suite.

Le même amateur possède encore un autre exemplaire, incomplet de 6 planches, antérieur à l'édition de 1855, regardée jusqu'à maintenant comme la seconde édition, et que l'on peut placer entre les années 1820 et 1830.

Le troisième tirage (2ᵉ de Lofort), qui date de 1855, a été exécuté à la Chalcographie de Madrid; les planches, encore au nombre de 33, sont alors précédées du portrait de Goya (celui des Caprices), du titre suivant : *Coleccion de los diferentes suertes y actitudes del arte de lidiar los toros, inventadas y grabadas al agua fuerte por Goya, Madrid, 1855. Estampado en la Calcografía de la imprenta nacional*, puis de cette table des planches qui présente dans sa disposition quelques différences avec celle de la 1ʳᵉ édition :

TREINTA Y TRES ESTAMPAS

QUE REPRESENTAN

DIFERENTES SUERTES Y ACTITUDES DEL ARTE DE LIDIAR LOS TOROS,

INVENTADAS Y GRABADAS AL AGUA FUERTE EN MADRID

POR DON FRANCISCO DE GOYA Y LUCIENTES.

N.º 1.º Modo con que los antiguos españoles cazaban los toros á caballo en el campo.
2. Otro modo de cazar á pié.
3. Los moros establecidos en España, prescindiendo de las supersticiones de su Alcorán, adoptaron esta caza y arte, y lancean un toro en el campo.
4. Capean otro encerrado.
5.º El animoso moro Gazul es el primero que lanceó toros en regla.
6. Los moros hacen otro capeo en plaza con su albornoz.
7. Origen de los arpones ó banderillas.
8. Cogida de un moro estando en la plaza.
9. Un caballero español mata un toro despues de haber perdido el caballo.
10. Cárlos V lanceando un toro en la plaza de Valladolid.
11. El Cid Campeador lanceando otro toro.
12. Desjarrete de la canalla con lanzas, medias-lunas, banderillas y otras armas.
13. Un caballero español en plaza quebrando rejoncillos sin auxilio de los chulos.
14. El diestrísimo estudiante de Falces, embozado, burla al toro con sus quiebros.
15. El famoso Martincho poniendo banderillas al quiebro.
16. El mismo vuelca un toro en la plaza de Madrid.
17. Palenque de los moros hecho con burros para defenderse del toro embolado.

N.º 18. Temeridad de Martincho en la plaza de Zaragoza.
19. Otra locura suya en la misma plaza.
20. Ligereza y atrevimiento de Juanito Apiñani en la de Madrid.
21. Desgracias acaecidas en el tendido de la plaza de Madrid, y muerte del Alcalde de Torrejon.
22. Valor varonil de la célebre Pajuelera en la de Zaragoza.
23. Mariano Ceballos, alias el Indio, mata el toro desde su caballo.
24. El mismo Ceballos montado sobre otro toro quiebra rejones en la plaza de Madrid.
25. Echan perros al toro.
26. Caida de un picador de su caballo debajo del toro.
27. El célebre Fernando del Toro, barilarguero, obligando á la fiera con su garrocha.
28. El esforzado Rendon picando un toro de cuya suerte murió en la plaza de Madrid.
29. Pepe Illo haciendo el recorte al toro.
30. Pedro Romero matando á toro parado.
31. Banderillas de fuego.
32. Dos grupos de picadores arrollados de seguida por un solo toro.
33. La desgraciada muerte de Pepe Illo en la plaza de Madrid.

Les épreuves de cette 3ᵉ édition (1855) sont tirées assez légèrement, d'un ton un peu gris, sur papier de coton blanc, sans vergeures; les cuivres ne sont pas encore biseautés, sauf les planches à biseaux étroits existant dès l'origine des états.

Le quatrième tirage, renfermant alors les sept pièces demeurées inédites, a été publié par les soins du marchand de gravures — à ses heures graveur lui-même — E. Loizelet.

Voici le texte du titre de cette nouvelle édition faite sur papier au filigrane Arches (année 1876) :

LA TAUROMACHIE

RECUEIL DE QUARANTE ESTAMPES

REPRÉSENTANT

les manières et feintes de l'art de combattre les taureaux

Inventés et gravés à l'eau-forte, à Madrid

PAR DON FRANCISCO GOYA Y LUCIENTÈS

—

PARIS

LOIZELET, ÉDITEUR, MARCHAND D'ESTAMPES

RUE DES BEAUX-ARTS, 12.

A titre de curiosité, nous donnons également copie de l'annonce qui fut faite au verso de la couverture d'un catalogue de vente (avril 1876), à l'occasion de ce tirage :

En vente chez Loizelet — **LA TAUROMACHIE.** *RECUEIL DE QUARANTE ESTAMPES.* Représentant différentes manières et feintes de l'art de combattre les Taureaux. Inventées et gravées à l'eau-forte par don Francisco GOYA y Lucientès. — La suite, imprimée sur papier de Hollande, se compose des 33 planches connues — 7 entièrement inédites — 1 Portrait de Goya, dessiné et gravé par E. Loizelet. PRIX : 100 francs. — Les 7 planches inédites et le portrait de Goya se vendent séparément. PRIX : 40 FRANCS...

Enfin, le cinquième tirage qui a pour titre : **LA TAUROMACHIE.** *Suite de Quarante Eaux-fortes par Francisco Goya,* a été mis en vente par R. de Los Rios, leur propriétaire, vers 1905 ; les épreuves de cette édition sont tirées sur papier vergé au filigrane M B M (initiales de Morel, Bercioux et Masure, propriétaires-fabricants de la papeterie d'Arches, Vosges). Ce dernier tirage a été assez restreint et aurait été limité à une vingtaine d'exemplaires sur vergé et 6 ou 8 sur papier marbré, ces derniers réservés à des dons.

Depuis lors, en 1921, les trente-trois cuivres (1) de la **Tauromachie** ont été acquis par le *Cercle des Beaux-Arts,* de Madrid, qui en a fait faire un tirage exposé à son siège social (janvier 1922) ; cette exposition a été précédée d'une conférence par D. F. Estève Botay, président de la section de gravure du Cercle.

Outre les quarante pièces publiées de la **Tauromachie,** il en existe quatre autres demeurées inédites et dont on ne connaît même jusqu'à ce jour qu'un, deux ou trois exemplaires ; ce sont celles que nous décrivons à la suite des planches publiées, sous les numéros 264 à 267 de notre catalogue.

L'on a coutume de considérer également comme estampe inédite, de la **Tauromachie,** une pièce qui ne fut publiée qu'en 1877 par le journal **L'Art,** et connue sous ce titre : *LLUVIA DE TOROS (PLUIE DE TAUREAUX).* Elle appartient en réalité à la série des **Disparates** (alias **Proverbes**), où nous l'avons reportée à l'exemple de A. de Beruete.

Ajoutons en dernier lieu qu'il existe de la **Tauromachie** :

1° Une reproduction phototypique de 40 planches composant l'édition la plus complète ; ces reproductions précédées d'un portrait de Goya, par V. Lopez, ont été publiées sous forme d'album, par Torres y Segui.

2° Une reproduction par l'héliogravure (en réduction) des 43 planches (y compris 3 des 4 pièces inédites), avec texte explicatif par le Dr H. Pallmann, Munich, Delphin, 1911.

3° Une reproduction des 43 planches (fac-simile très réduits), préface de G. Grappe, 17, rue Bonaparte, s. d. (1913).

Des exemplaires de la 1re édition se trouvent au Cabinet des Estampes de Paris, Cabinet des Estampes de Budapest, Bibliothèque publique de New-York, dans les collections de MM. H. Delacroix, O. Gerstenberg ; de la 2e édition, chez M. S. Gerona ; de la 3e édition, à la Bibliothèque de l'Université, Paris, dans les collections de MM. S. Gerona, O. Gerstenberg, Mairat.

VENTES : His de la Salle (1856), 1er tirage, 302 fr. ; Ph. Burty (Londres, 1876), 5 £ 15 sh., E. Lessore (1889), 1er tirage, 190 fr. ; Gerbeau (1908), 1er tirage, 600 fr. ; Léon Manchon (1911), 1er tirage, 1.080 fr. ; P. Delaroff (1914), 1er tirage, 2.310 fr. ; Roger Marx (1914), 1er tirage, pl. 8, état, 2.550 fr. ; A. Beurdeley (1920), 1er tirage, 4.600 fr. ; même vente (1921), 2e exempl. 4.900 fr. ; Marcel Guérin (1921), 1er tirage, 4.605 fr.

(1) Les sept pièces publiées pour la première fois par Loizelet et formant un total de 40 planches, dans les éditions postérieures, sont comme on le sait, gravées au verso de sept des autres cuivres publiés antérieurement.

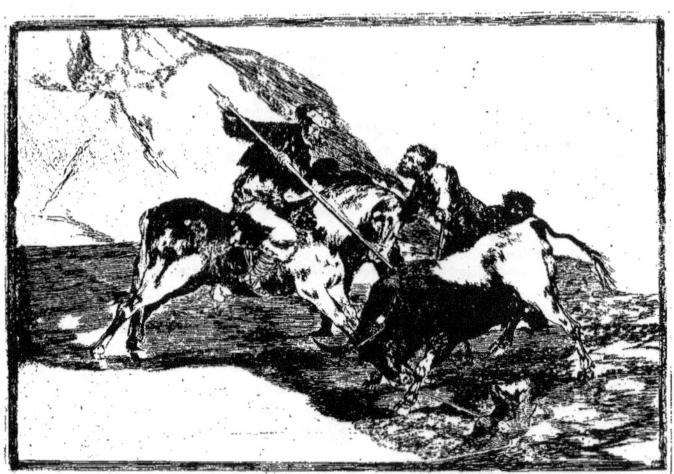

1ᵉʳ État.

Planche 1 de la **Tauromachie**.

1ᵉʳ État. A l'eau-forté pure, avant le grain d'aqua-tinte et avant le nᵒ. Le cuivre n'est pas biseauté. De toute rareté. Bibliothèque Nationale, Madrid (épr. de Carderera). **L'État reproduit.**

2ᵉ — Avec le ton d'aqua-tinte, mais encore avant le nᵒ. Fort rare.

3ᵉ — Avec le nᵒ 1, en H. à D., en marge. La bordure est interrompue en plusieurs endroits, notamment dans trois des angles (1ʳᵉ, 2ᵉ et 3ᵉ tirages).

4ᵉ — Les quelques interruptions de la bordure sont recouvertes dé tailles. De plus, le cuivre est biseauté (4ᵉ et 5ᵉ tirages, Loizelet et suiv.).

VENTE : Anonyme, 10 décembre 1912, 3ᵉ état, 40 fr.

Le **Musée du Prado** possède le dessin préparatoire à la sanguine pour cette planche ; ce dessin offre quelques variantes avec l'estampe.

Le cuivre existe (Cercle des Beaux-Arts, Madrid).

(L. 310 millim. H. 200)

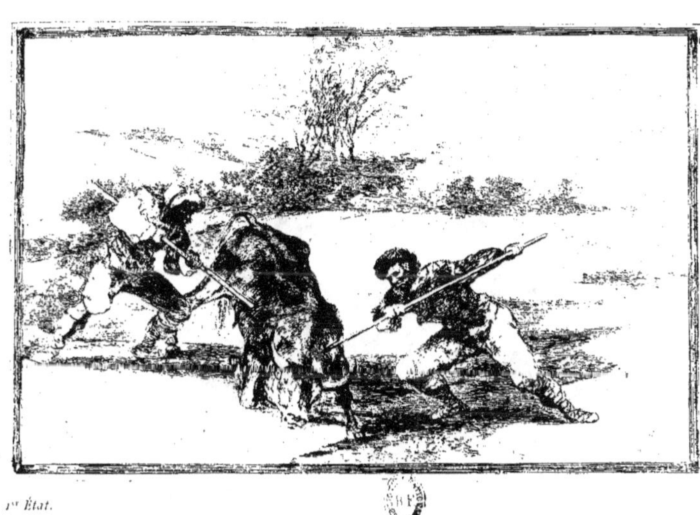

1er État.

Planche 2 de la Tauromachie.

1er État. A l'eau-forte pure, avant le grain d'aqua-tinte et avant le n°. De toute rareté. L'État reproduit.
Bibliothèque Nationale, Madrid (ép. de Carderera), M. Gonzalès Marti.

2e — Avec le ton d'aqua-tinte, mais encore avant le n°. Fort rare.

3e — Avec le n° 2, en H. à D., en marge, mais avant les retouches signalées dans l'état qui suit (1er,
2e et 3e tirages).

4e — La colline du fond et le ciel sont repris à la roulette sur le ton d'aqua-tinte de l'état précédent
(4e et 5e tirages, Loizelet et suiv.).

VENTES : Anonyme (24 février 1922), 3e état (1er tirage), 185 fr. ; Anonyme (3 avril 1922), 3e état,
(1er tirage), 115 fr.

Le cuivre existe (Cercle des Beaux-Arts, Madrid).

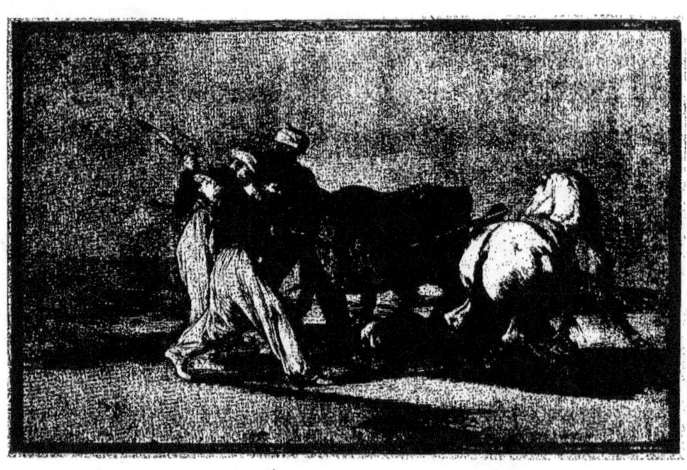

Planche 3 de la **Tauromachie**.

1ᵉʳ Etat. A l'eau-forte pure, avant le grain d'aqua-tinte et avant le nᵒ. De toute rareté. Bibliothèque
Nationale, Madrid (épr. de Carderera).

2ᵉ — Avec le grain d'aqua-tinte, mais avant le nᵒ. De toute rareté.

3ᵉ — Avec le nᵒ 3, en H. à D., mais avant que la bordure n'ait été renforcée. Bibliothèque de l'Université, Paris.

4ᵉ — Avec des traits échappés et des salissures dans le ciel, puis sur le terrain vers la gauche. Tirages
postérieurs.

VENTE : P. Lefort (1869), 1ᵉʳ état, 19 fr.

Le cuivre existe (Cercle des Beaux-Arts, Madrid).

(L. 306 millim. H. 202)

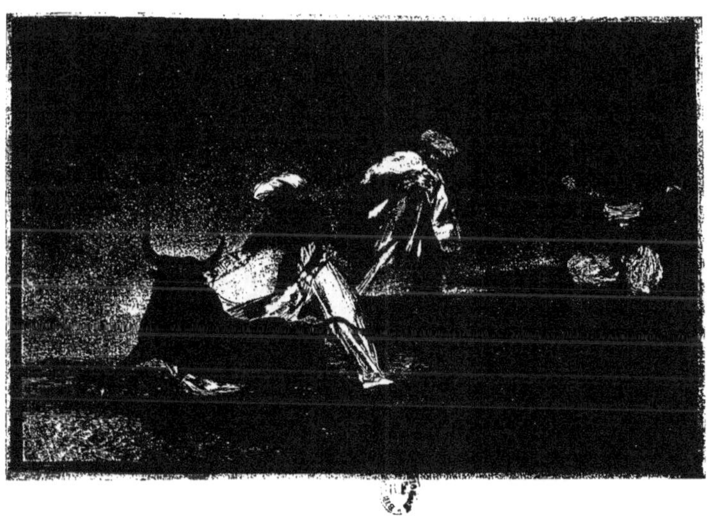

Planche 4 de la Tauromachie.

1er État. A l'eau-forte pure, avant le n°. De toute rareté.

2e — Avec le ton d'aqua-tinte, mais encore avant le n°. Fort rare.

3e — Avec le n° 4, en H. à D., en marge, mais avant que le cuivre n'ait été biseauté (1er, 2e et 3e tirages).

4e — Le cuivre est biseauté (4e tirage, Loizelet et suiv.).

Le Musée du Prado possède le dessin préparatoire à la sanguine pour cette planche.

Le cuivre existe (Cercle des Beaux-Arts, Madrid).

228. — LE COURAGEUX MAURE GAZUL FUT LE PREMIER QUI COMBATTIT LES TAUREAUX SELON LES RÈGLES DE L'ART

(L. 309 millim. H. 206)

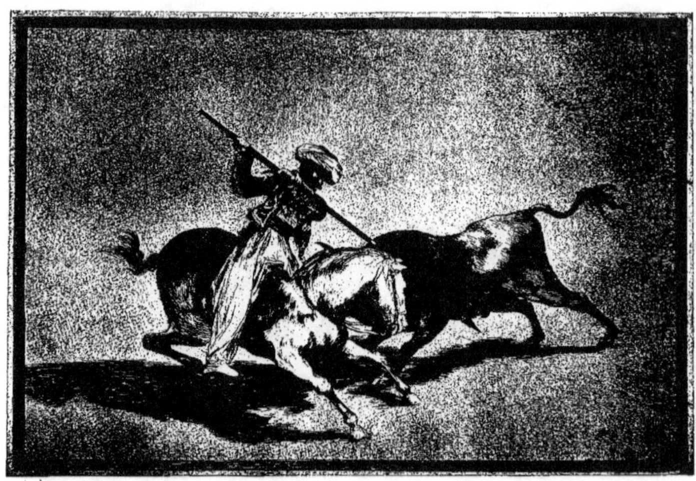

Planche 5 de la Tauromachie.

1ᵉʳ Etat. A l'eau-forte pure et avant le n°. De toute rareté. Collection de M. Gonzalès Marti.

2ᵉ — Avec un léger ton d'aqua-tinte, mais encore avant le n°. Fort rare.

3ᵉ — Avec le n° 5, en H. à D., en marge, mais avant que le cuivre n'ait été biseauté.

4ᵉ — Le cuivre n'est pas encore biseauté ; mais avec quelques salissures en marges, ainsi que dans le haut de la planche, et avec trois traits échappés sur le terrain, à droite. Collection de M. Et. Moreau-Nélaton (épr. de Champfleury).

5ᵉ — Le cuivre est biseauté, le chiffre 5 renforcé et les marges nettoyées (4ᵉ et 5ᵉ tirages).

Un dessin préparatoire de Goya pour cette planche, qui appartenait à Ch. Yriarte, a été reproduit dans L'Art, année 1877, T. II, p. 79 (*Goya aqua-fortiste*, par *Ch. Yriarte*).

Le cuivre existe (Cercle des Beaux-Arts, Madrid).

229. — LES MAURES IMITENT LE JEU DE LA CAPE, DANS LA PLACE,
AVEC LEURS BURNOUS

(L. 310 millim. H. 204)

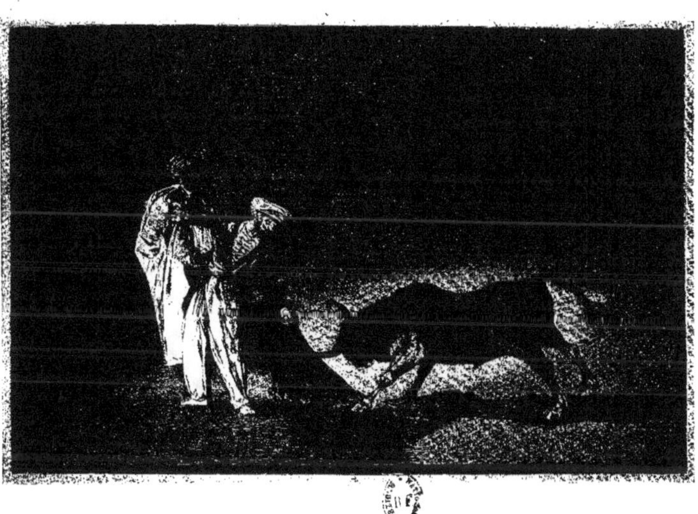

Planche 6 de la Tauromachie.

1er État. A l'eau-forte pure, avant le n°. De toute rareté. Bibliothèque Nationale, Madrid (épreuve de
Carderera).

2e — Avec le ton d'aqua-tinte, mais avant le n°. Fort rare.

3e — Avec le n° 6 en H. à D., en marge, mais le cuivre n'est pas biseauté.

4e — Le cuivre est biseauté. Sans autre différence. Tirage Loizelet et suivants.

Le Musée du Prado possède le dessin préparatoire à la sanguine pour cette planche.

Le cuivre existe (Cercle des Beaux-Arts, Madrid).

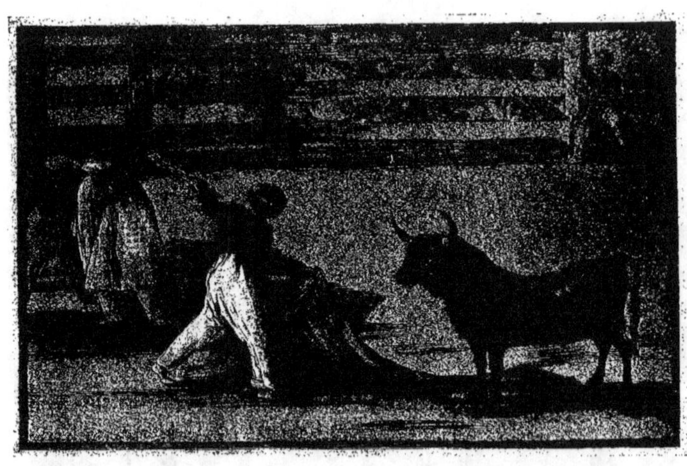

Planche 7 de la **Tauromachie.**

1er État.   A l'eau-forte pure, avant le n°. De toute rareté.

2e   —   Avec le grain d'aqua-tinte, mais encore avant le n°. Fort rare.

3e   —   Avec le n° 7 en H. à D., en marge, mais avant les biseaux.

4e   —   Le cuivre est biseauté. Sans autre différence (tirages Loizelet et suiv.).

Le **Musée du Prado** possède le dessin préparatoire à la sanguine pour cette planche.

Le cuivre existe (Cercle des Beaux-Arts, Madrid).

231. — UN MAURE EST ASSAILLI PAR UN TAUREAU DANS LA PLACE
(L. 316 millim. H. 205)

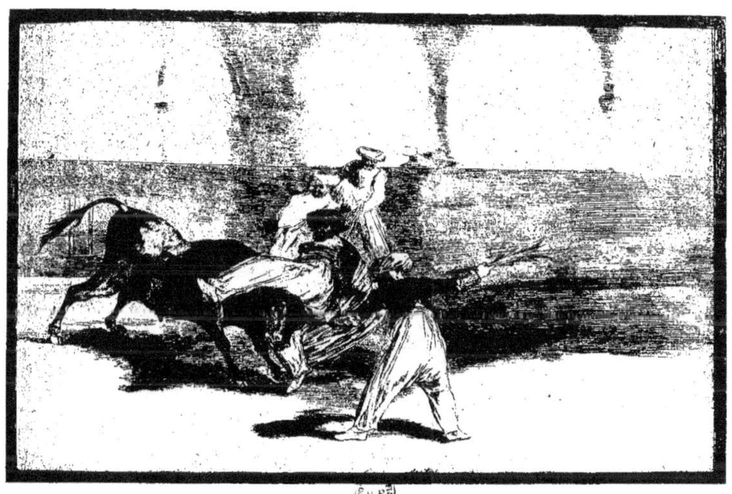

1ᵉʳ Etat.

Planche 8 de la **Tauromachie**.

1ᵉʳ Etat. A l'eau-forte pure, avant le nᵒ. De toute rareté. **L'État reproduit.** Bibliothèque Nationale, Madrid, Cabinet des Estampes, Budapest.

2ᵉ — Avec le ton d'aqua-tinte, mais encore avant le nᵒ. Fort rare.

3ᵉ — Avec le nᵒ 8 en H. à D., en marge, mais le cuivre est à biseaux étroits (1ᵉʳ, 2ᵉ et 3ᵉ tirages).

4ᵉ — Le cuivre est à larges biseaux (4ᵉ tirage, Loizelet et suiv.).

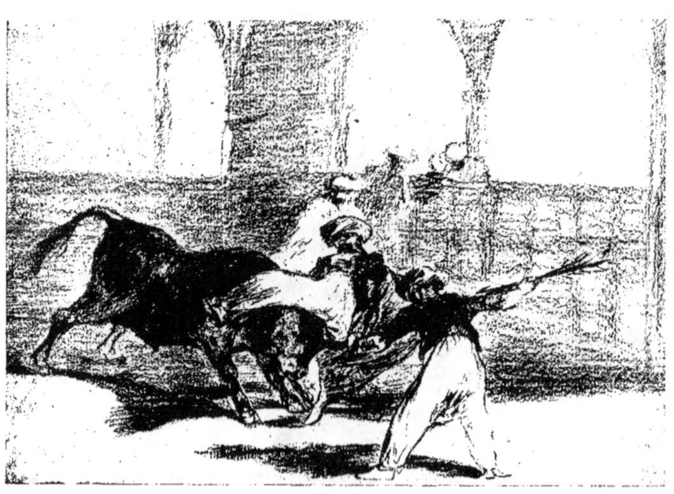

Le Musée du Prado possède le dessin préparatoire à la sanguine pour cette planche. Nous en donnons ci-dessus une reproduction réduite.

———

Le cuivre existe (Cercle des Beaux-Arts, Madrid).

232. — UN CHEVALIER ESPAGNOL TUE LE TAUREAU
APRÈS AVOIR PERDU SON CHEVAL

(L. 312 millim. H. 205)

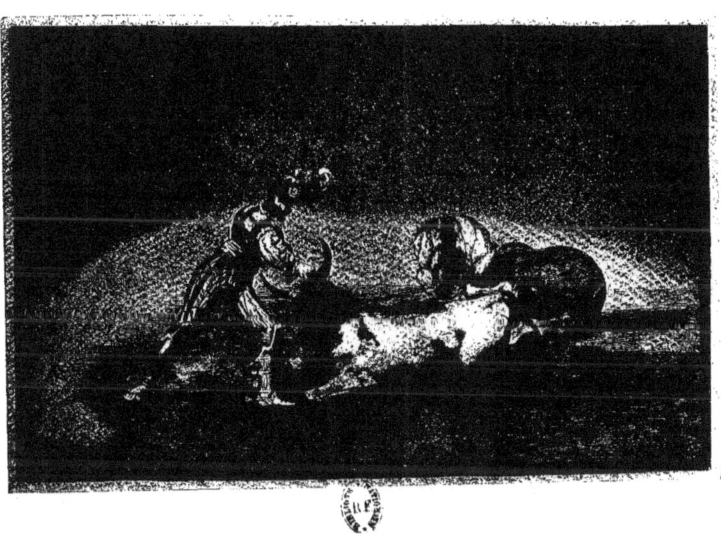

Planche 9 de la Tauromachie.

1er Etat.   A l'eau-forte pure, avant le n°. De toute rareté.

2e   —   Avec le grain d'aqua-tinte, mais encore avant le n° en H. à D.

3e   —   Avec le n° 9 en H. à D., dans la marge, mais avant les biseaux.

4e   Le cuivre est biseauté. Sans autre différence (tirages, Loizelet et suiv.).

Le cuivre existe (Cercle des Beaux-Arts, Madrid).

(L. 308 millim. H. 210)

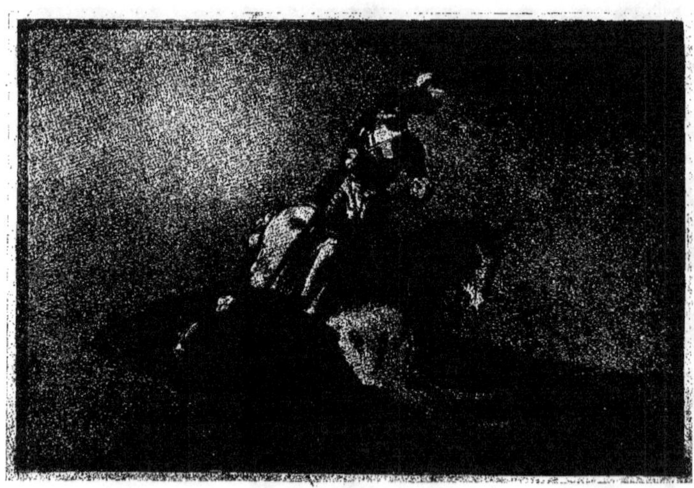

Planche 10 de la Tauromachie.

1er État. A l'eau-forte pure, avant le n°. De toute rareté.

2e   —   Avec le grain d'aqua-tinte, mais encore avant le n°. De toute rareté.

3e   —   Avec le n° 10 en H. à D., en marge. Le haut de la planche est à biseau étroit.

4e   —   Le cuivre est à larges biseaux (tirage Loizelet et suivants).

VENTE : P. Lefort (1869), 1er état, 16 fr. 50.

Le **Musée du Prado** possède une première pensée de cette composition exécutée à la sanguine.

Le cuivre existe (Cercle des Beaux-Arts, Madrid).

(L. 315 millim. H. 216)

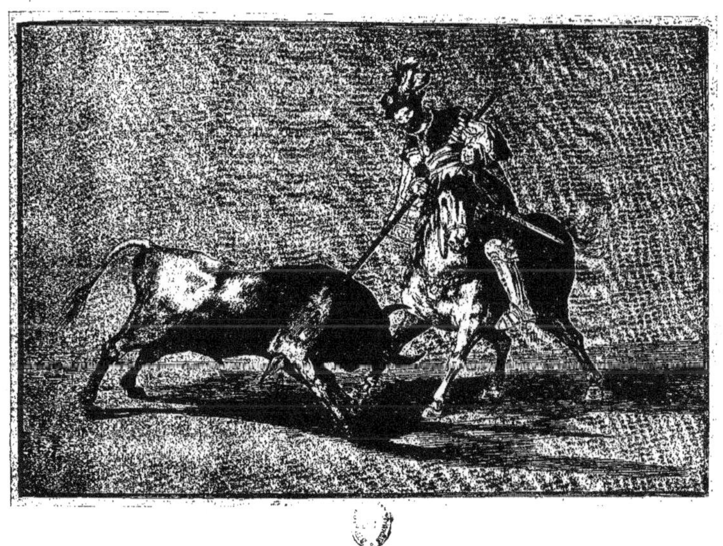

Planche 11 de la Tauromachie.

1ᵉʳ État. A l'eau-forte pure, avant le nᵒ. De toute rareté.

2ᵉ — Avec le ton d'aqua-tinte, mais encore avant le nᵒ. Fort rare.

3ᵉ — Avec le nᵒ 11 en H. à D., en marge, mais avant les biseaux et avant les rayures dans le ciel, puis sur le terrain à gauche.

4ᵉ — Avec des rayures dans le ciel et sur le terrain à gauche. De plus, une petite interruption dans la bordure, vers le bas à droite, a été comblée. Le cuivre est biseauté (4ᵉ tirage, Loizelet et suiv.).

VENTES : P. Lafort (1869), 1ᵉʳ état, 23 fr. ; Anonyme (3 avril 1922), 3ᵉ état (1ᵉʳ tirage), 125 fr.

Le cuivre existe (Cercle des Beaux-Arts, Madrid).

(L. 312 millim. H. 211)

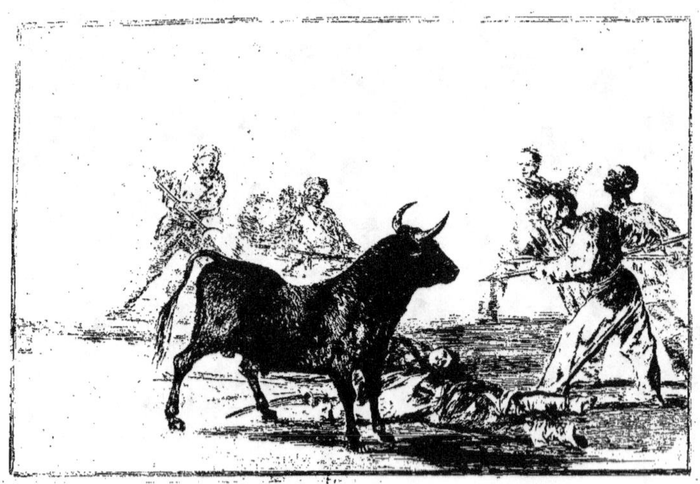

1er État.

Planche 12 de la Tauromachie.

———————

1er État.   A l'eau-forte pure, avant le n°. De toute rareté. L'État reproduit. Bibliothèque Nationale, Madrid
(épreuve de Carderera).

2e   —   Avec l'aqua-tinte, mais avant le n°. Fort rare.

3e   —   Avec le n° 12 en H. à D., en marge; avant les salissures. Le cuivre est à biseaux étroits (1er et
2e tirages). Bibliothèque de l'Université, Paris.

4e   —   Avec quelques salissures sur le ciel et sur le terrain : le cuivre est encore à biseaux étroits
(3e tirage). Bibliothèque de l'Université, Paris.

5e   —   Les biseaux du cuivre sont élargis. Avec de nouvelles salissures et des accidents, notamment
une tache formée par l'acide, dans le haut vers la gauche (4e tirage, Loizelet et suiv.).

———————

Le Musée du Prado possède le dessin préparatoire à la sanguine renfermant des figures qui ont été
supprimées dans l'estampe, au second plan, à gauche.

———————

Le cuivre existe (Cercle des Beaux-Arts, Madrid).

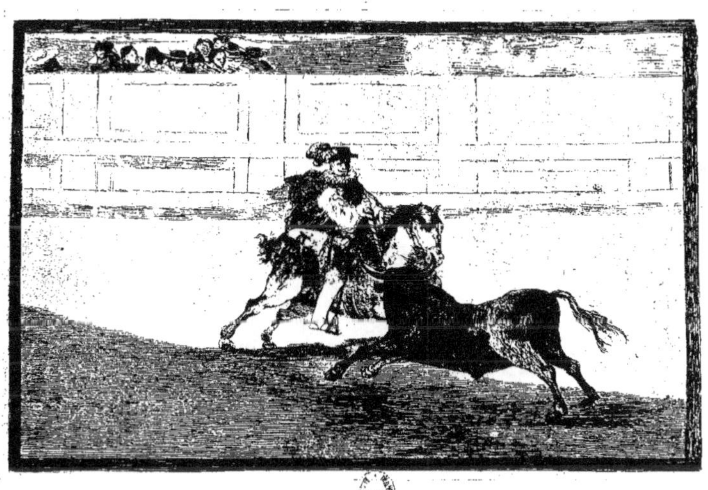

Planche 13 de la **Tauromachie**.

1er État. A l'eau-forte pure, avant le nº. De toute rareté. Collection de M. Gonzalès Marti.

2e   —   Avec l'aqua-tinte, mais encore avant le nº. Fort rare.

3e   —   Avec le nº 13, en H. à D., en marge, Le cuivre n'est pas biseauté.

4e   —   Le cuivre est biseauté (tirage Loizelet et suiv.).

Le **Musée** du **Prado** conserve le dessin préparatoire à la sanguine pour cette planche.

Le cuivre existe (Cercle des Beaux-Arts, Madrid).

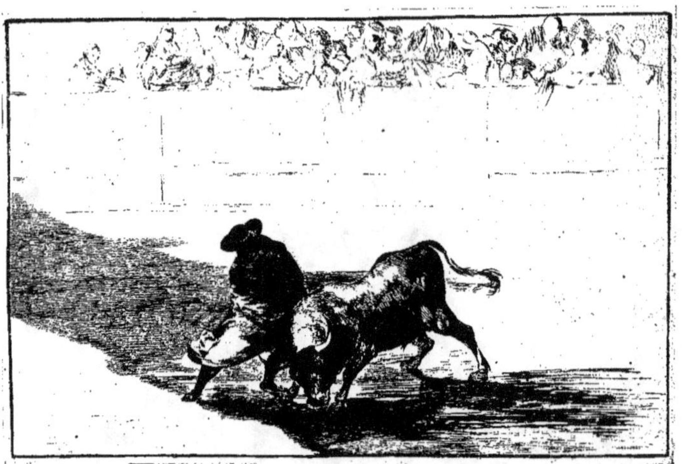

1ᵉʳ *Etat.*

Planche 14 de la Tauromachie.

1ʳᵉ Etat. A l'eau-forte pure, avant le nᵛ. De toute rareté. **L'État reproduit.** Bibliothèque de l'Université, Paris.

2ᵉ — Avec un ton d'aqua-tinte sur toute la surface de la composition, sauf sur l'échine du taureau ; une partie de l'ombre portée du taureau au premier plan est très atténuée et plus limitée ; encore avant le nᵒ. Fort rare.

3ᵉ — Avec le nᵒ 14 en H. à D., en marge, mais le cuivre n'est pas biseauté (1ᵉʳ, 2ᵉ et 3ᵉ tirages). Collection de M. P. Cosson.

4ᵉ — Le cuivre est biseauté (4ᵉ tirage, Loizelet et suiv.).

Le Musée du Prado possède un dessin préparatoire à la sanguine pour cette planche.

Le cuivre existe (Cercle des Beaux-Arts, Madrid).

238. — LE FAMEUX MARTINCHO(¹) POSANT DES BANDERILLES
EN DONNANT LE QUIEBRO

(L. 310 millim. H. 201)

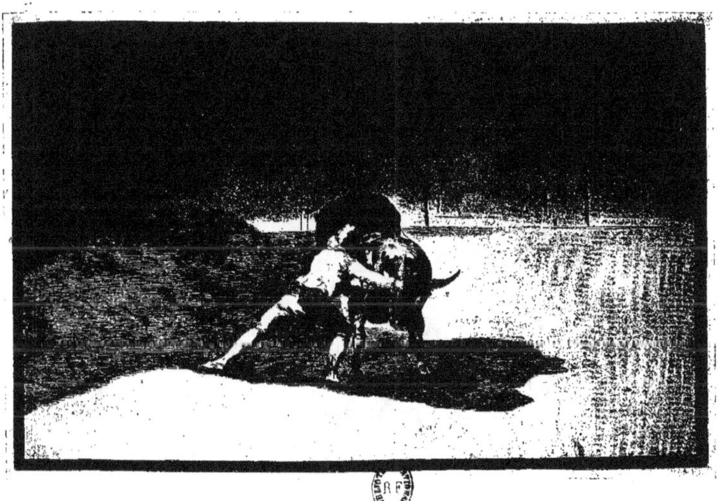

Planche 15 de la Tauromachie.

1ᵉʳ État.   A l'eau-forte pure, avant le nᵒ. De toute rareté. Bibliothèque de l'Université, Paris.

2ᵉ   Avec l'aqua-tinte, mais encore avant le nᵒ. Fort rare.

3ᵉ   —   Avec le nᵒ 15 en H. à D., en marge, mais avant les biseaux.

4ᵉ   —   Le cuivre est biseauté (4ᵉ tirage, Loizelet et suiv.).

Le **Musée du Prado** possède le dessin préparatoire à la sanguine pour cette planche.

VENTE : Anonyme (3 avril 1922), 3ᵉ état (1ᵉʳ tirage), 150 fr.

Le cuivre existe (Cercle des Beaux-Arts, Madrid).

(1) Martin Barcaiztegui.

(L. 310 millim. H. 207)

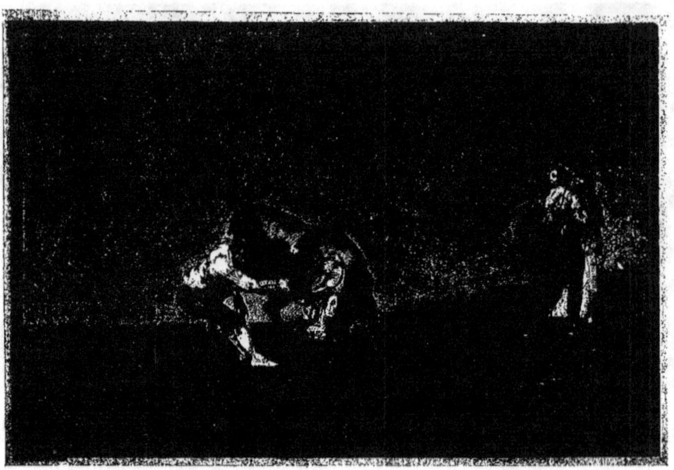

3ᵉ Etat.

Planche 16 de la **Tauromachie**.

———

1ᵉʳ Etat. A l'eau-forte pure, avant le nᵒ. De toute rareté. Ex-collection Ph. Burty.

2ᵉ — Avec l'aqua-tinte, mais encore avant le nᵒ. De toute rareté.

3ᵉ — Avec le nᵒ 16 en H. à D., en marge, mais avant les retouches dans le fond et avant les biseaux.
   L'État reproduit.

4ᵉ — Le cuivre est biseauté. Le fond ré-aquatinté forme vers le milieu comme un nuage qui part du
   bord latéral droit et s'étend jusqu'au taureau (tirages Loizelet et suiv.).

———

Le **Musée du Prado** possède une première pensée de cette planche ; ce dessin, à la sanguine, renferme
un certain nombre de personnages, et le fond du sujet est limité par la barrière de l'arène.

———

Le cuivre existe (Cercle des Beaux-Arts, Madrid).

(L. 311 millim. H. 200)

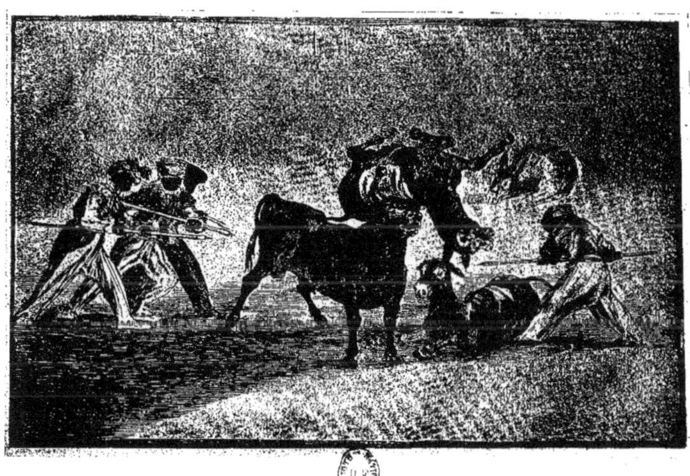

Planche 17 de la Tauromachie.

1ᵉʳ Etat. A l'eau-forte pure, avant le nᵒ. De toute rareté. Ex-collection P. Lefort.

2ᵉ — Avec le ton d'aqua-tinte, mais encore avant le nᵒ. De toute rareté.

3ᵉ — Avec le nᵒ 17, en H. à D., en marge, mais avant que le cuivre ait été biseauté.

4ᵉ — Encore avant les biseaux du cuivre, mais avec un trait échappé à mi-hauteur d'une des jambes
d'arrière du taureau, puis avec un autre trait échappé oblique, à droite, contre la bordure
jusqu'à mi-hauteur. Collection de M. Et. Moreau-Nélaton (épr. de Champfleury).

5ᵉ — Le cuivre est biseauté. Le trait échappé contre la bordure a disparu ou a été effacé (tirages
Loizelet et suiv.).

VENTES : P. Lefort (1869), 1ᵉʳ état, 17 fr. ; Champfleury (1891), 4ᵉ état, avec 6 autres pièces. 8 fr.

Le Musée du Prado possède le dessin préparatoire à la sanguine pour cette planche.

Le cuivre existe (Cercle des Beaux-Arts, Madrid).

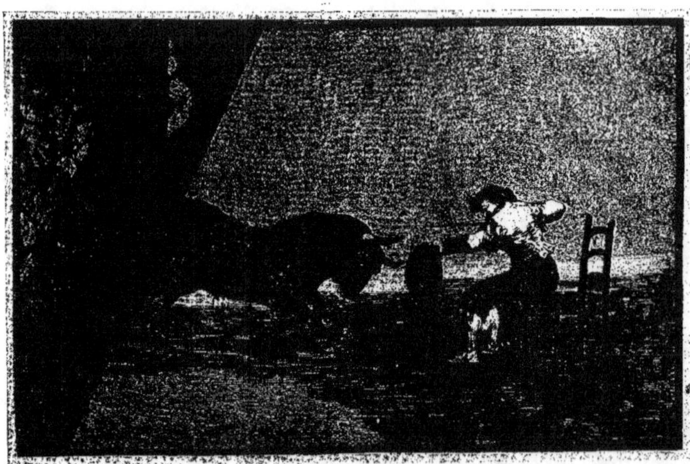

1815.

Planche 18 de la Tauromachie.

1er Etat. A l'eau-forte pure, avant le n°. De toute rareté.

2e — Avec le ton d'aqua-tinte, mais encore avant le n°. De toute rareté.

3e — Avec le n° 18, en H. à D., en marge, mais avant les biseaux du cuivre (1er, 2e et 3e tirages).

4e — Le cuivre est biseauté (4e tirage, Loizelet et suiv.).

Une *variante* du même sujet est reproduite plus loin, sous le n° 264 de notre catalogue.

Le **Musée du Prado** possède une première pensée de cette planche; ce dessin est exécuté à la sanguine.

Le cuivre existe (Cercle des Beaux-Arts, Madrid).

242. — AUTRE FOLIE DE MARTINCHO DANS LA MÊME PLACE

(L. 319 millim. H. 208)

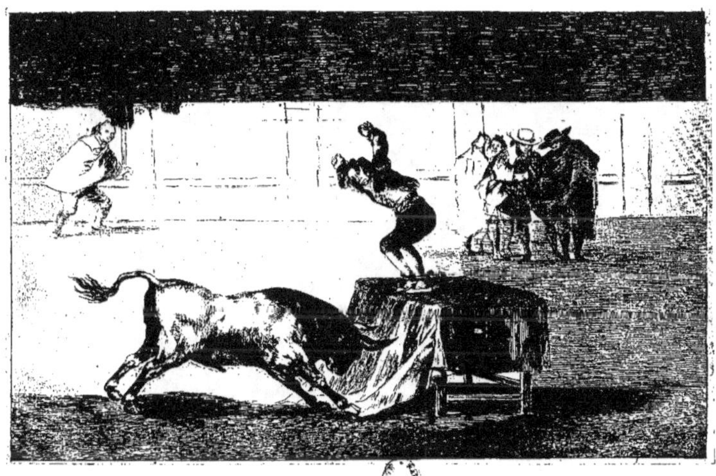

1ᵉʳ État.

Planche 19ᵉ de la **Tauromachie.**

1ᵉʳ État. A l'eau-forte pure, avec quelques tons partiels d'aqua-tinte, avant le nᵒ et avant les travaux à la pointe sur le chapeau et la cape d'un des spectateurs du groupe dans l'arène (celui qui se trouve au milieu). De toute rareté. **L'État reproduit.** Collection de M. Maurice Pereire.

2ᵉ — Avec les additions indiquées ci-dessus et avec le ton d'aqua-tinte réparti sur la plus grande partie de la composition, mais encore avant le nᵒ. Fort rare.

3ᵉ — Avec le nᵒ 19, en H. à D., en marge. Le cuivre est à biseaux étroits (1ᵉʳ, 2ᵉ et 3ᵉ tirages).

4ᵉ ... Les biseaux du cuivre sont élargis (4ᵉ tirage, Loizelet).

5ᵉ — Avec trois traits échappés vers le fond gauche, autour du personnage debout dans l'arène (5ᵉ tirage).

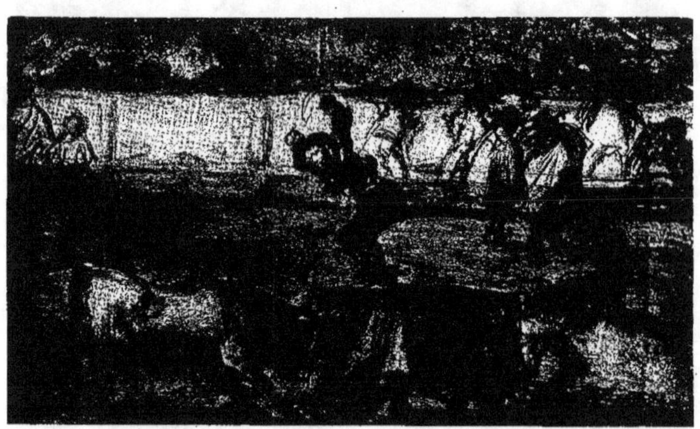

Le Musée du Prado conserve un dessin préparatoire à la sanguine pour cette planche ; ce dessin offre des variantes avec l'estampe. Nous en donnons ci-dessus un fac-similé réduit.

Le cuivre existe (Cercle des Beaux-Arts, Madrid).

(L. 309 millim. H. 202)

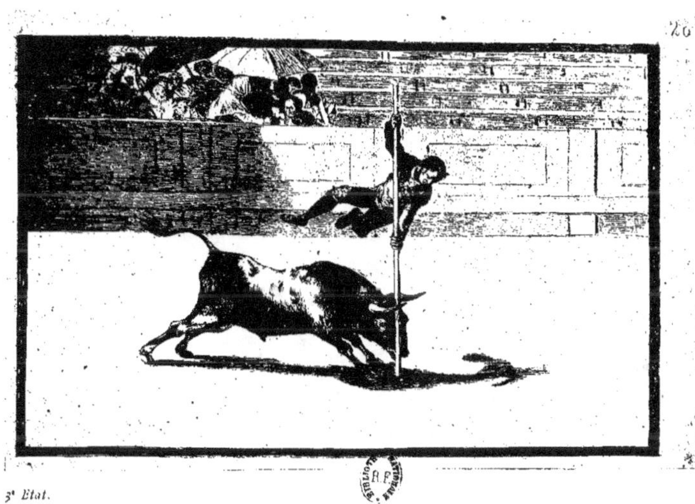

3ᵉ État.

Planche 20 de la Tauromachie.

———————

1ᵉʳ État.   A l'eau-forte pure, avant le nᵒ. De toute rareté.

2ᵉ   —   Avec l'aqua-tinte, mais encore avant le nᵒ. Fort rare.

3ᵉ   —   Avec le nᵒ 20, en H. à D., en marge, mais avant les biseaux. L'État reproduit.

4ᵉ   —   Avec un trait vertical échappé, dans l'angle gauche du bas. Le cuivre est biseauté (4ᵉ tirage,
Loizelet et suiv.).

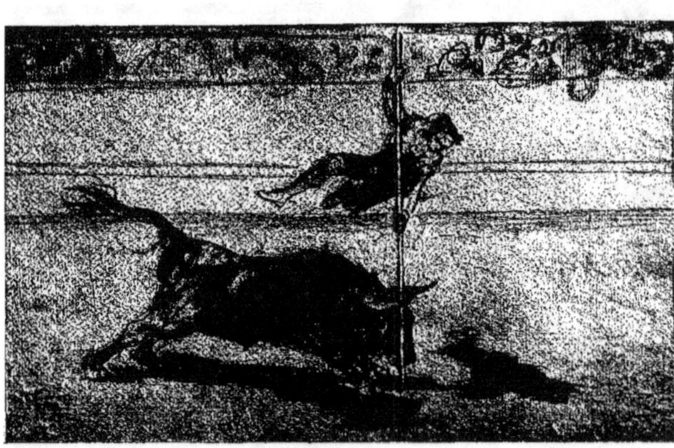

Cette planche, dont le dessin préparatoire à la sanguine, en fac-similé ci-dessus, est conservé au Musée du Prado, a été reproduite dans : Les Grands Peintres-Graveurs depuis Rembrandt jusqu'à Whistler (*Studio*, hiver 1913-1914).

———

Le cuivre existe (Cercle des Beaux-Arts, Madrid).

 — MALHEURS ARRIVÉS DANS LES GRADINS
DE LA PLACE DE MADRID ET MORT DE L'ALCADE DE TORREJON
(L. 318 millim. H. 212)

Planche 21 de la Tauromachie.

1er État. A l'eau-forte pure, avant le n°. De toute rareté.

2e — Avec le ton d'aqua-tinte, mais encore avant le n°. De toute rareté.

3e — Avec le n° 21, en H, à D., en marge, mais avant les biseaux

4e — Le cuivre est biseauté. Sans autre différence (tirage Loizelet et suiv.).

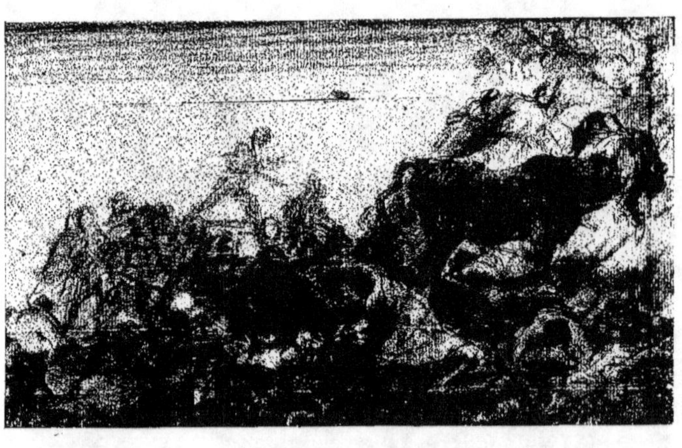

Un dessin préparatoire à la sanguine pour cette planche, mais avec d'assez nombreuses variantes, est conservé au **Musée du Prado** ; nous en donnons ci-dessus un fac-similé réduit.

Le cuivre existe (Cercle des Beaux-Arts, Madrid).

(L. 309 millim. H. 210)

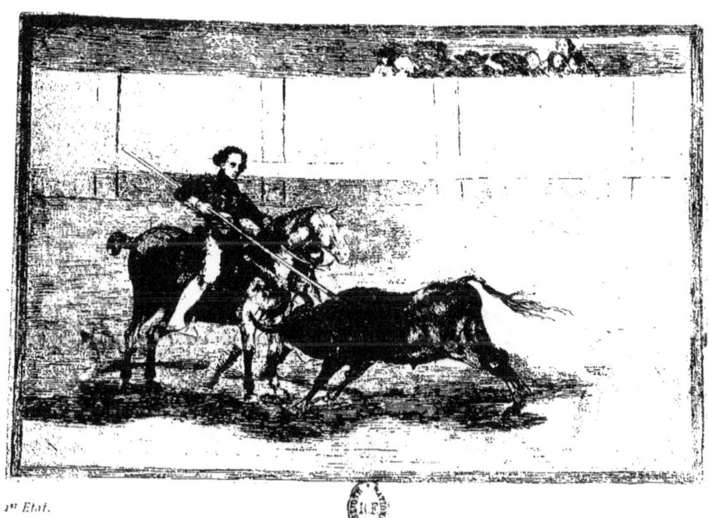

1er État.

Planche 22 de la Tauromachie.

1er État. A l'eau-forte pure, avant le n°. De toute rareté. **L'État reproduit.** Bibliothèque Nationale,
Madrid (épreuve de Carderera).

2e   Avec le ton d'aqua-tinte, mais encore avant le n°. De toute rareté.

3e — Avec le n° 22, en H. à D., en marge. Le cuivre n'est pas encore biseauté.

4e — Le cuivre est biseauté (4e tirage, Loizelet et suiv.).

Le **Musée du Prado** possède le dessin préparatoire à la sanguine pour cette planche.

Le cuivre existe (Cercle des Beaux-Arts, Madrid).

(L. 314 millim. H. 210)

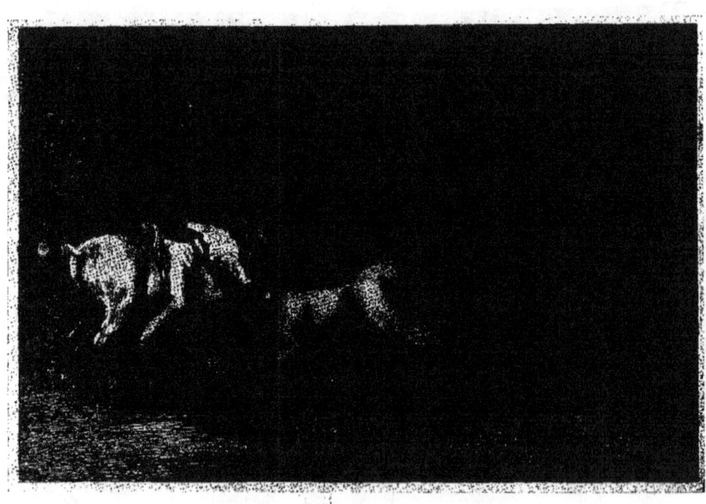

Planche 23 de la **Tauromachie**.

1ᵉʳ Etat.   A l'eau-forte pure, avant le n°. De toute rareté. Ex-collection P. Lefort.

2ᵉ   —   Avec l'aqua-tinte, mais encore avant le n°. Fort rare.

3ᵉ   —   Avec le n° 23, en H. à D., en marge, mais avant que les biseaux n'aient été élargis.

4ᵉ   —   Les biseaux de cuivre sont élargis. Le chiffre 23 est renforcé (4ᵉ tirage, Loizelet et suiv.).

VENTES : P. Lefort (1869), 1ᵉʳ état, 25 fr.; 2ᵉ état, 24 fr.; Ph. Burty (Londres, 1876), 17 sh.; Anonyme
(18 novembre 1915), 3ᵉ état, 52 fr.

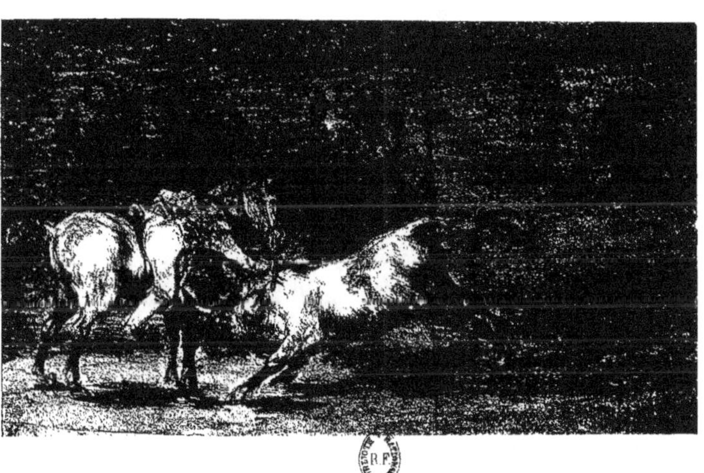

Le **Musée du Prado** conserve le dessin préparatoire à la sanguine pour cette planche; nous en donnons ci-dessus la reproduction.

Le cuivre existe (Cercle des Beaux-Arts, Madrid).

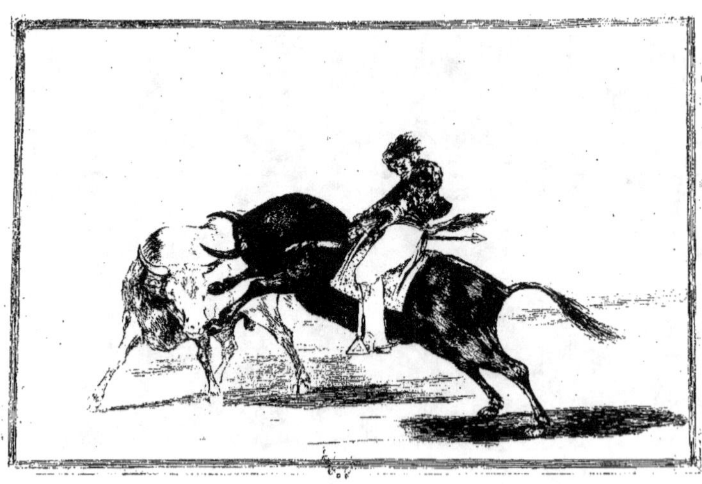

1ᵉʳ Etat.

Planche 24 de la Tauromachie.

1ᵉʳ Etat.   A l'eau-forte pure, avant le n°. De toute rareté. L'État reproduit. Bibliothèque Nationale, Madrid.

2° —   Avec l'aqua-tinte, mais encore avant le n°. Fort rare.

3ᵉ —   Avant le n° 24, en H. à D., en marge, mais avant les biseaux.

4ᵉ —   Le cuivre est biseauté. Sans autre différence (4ᵉ tirage, Loizelet et suiv.).

Le cuivre existe (Cercle des Beaux-Arts, Madrid).

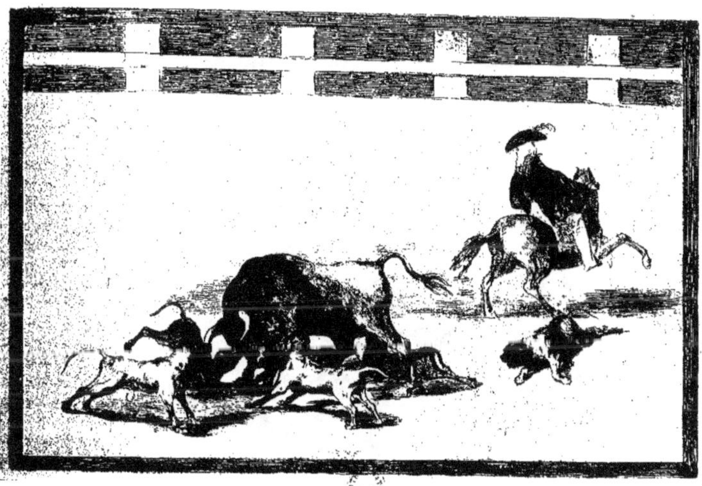

3ᵉ État.

Planche 25 de la Tauromachie.

1ᵉʳ État. A l'eau-forte pure, avant le n°. De toute rareté. Bibliothèque Nationale, Madrid (épr. de Carderera).

2ᵉ — Avec un léger ton d'aqua-tinte, mais encore avant le n°. Fort rare.

3ᵉ — Avec le n° 25, en H. à D., en marge, mais avant les biseaux.

4ᵉ — Le cuivre est biseauté. Avec un trait échappé oblique, vers le bord latéral droit, à la hauteur de la tête du cheval (4ᵉ tirage, Loizelet et suiv.).

Une **variante** du même sujet est cataloguée, plus loin, sous le n° 259 de notre catalogue.

Le **Musée** du **Prado** possède le dessin préparatoire à la sanguine pour cette planche.

Le cuivre existe (Cercle des Beaux-Arts, Madrid).

(L. 310 millim. H. 202)

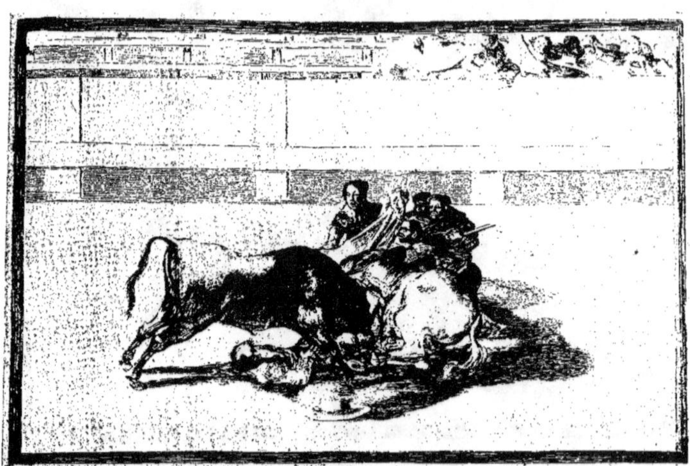

1er Etat.

Planche 26 de la **Tauromachie**.

1er Etat.   A l'eau-forte pure, avant le n°. De toute rareté. L'État reproduit. Bibliothèque Nationale, Madrid (épr. de Carderera).

2°   —   Avec l'aqua-tinte, mais encore avant le n°. Fort rare.

3°   —   Avant le n° 26, en H. à D., en marge, mais avant les biseaux.

4°   —   Avec un trait oblique échappé sur le terrain à droite, vers la barrière. Le cuivre est biseauté (4e tirage, Loizelet et suiv.).

Le **Musée du Prado** possède le dessin préparatoire à la sanguine pour cette planche.

Le cuivre existe (Cercle des Beaux-Arts, Madrid).

250. — LE CÉLÈBRE PICADOR FERNANDO DEL TORO
OBLIGEANT LE TAUREAU, A L'AIDE DE SA PIQUE, A FONDRE SUR LUI

(L. 320 millim. H. 207)

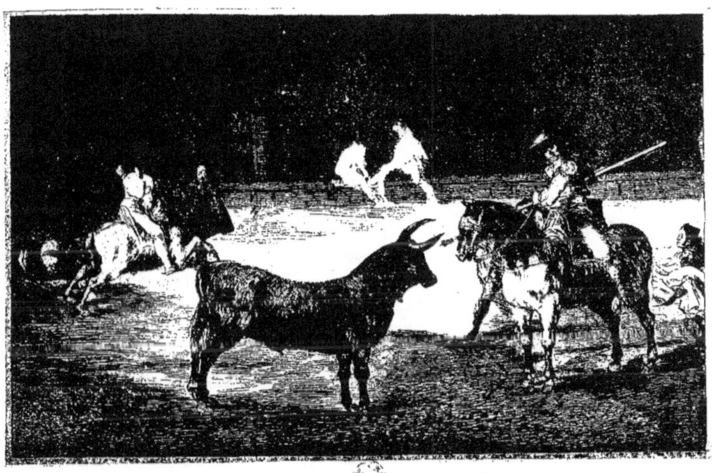

2ᵉ *Etat.*

Planche 27 de la Tauromachie.

1ᵉʳ Etat.   A l'eau-forte pure, avant le numéro. De toute rareté.

2ᵉ   —   Avec le ton d'aqua-tinte, mais encore avant le nᵒ. De toute rareté. **L'État reproduit.** Collection de M. Maurice Pereire.

3ᵉ   —   Avec le nᵒ 27 en H. à D., en marge. Le cuivre est à biseaux étroits.

4ᵉ   —   Les biseaux du cuivre sont élargis, le chiffre 27 est renforcé (4ᵉ tirage, Loizelet et suiv.).

VENTES : P. Lefort (1869), 2ᵉ état, 26 fr.; Ph. Burty (1876), 2ᵉ état, 14 sh.

Le **Musée du Prado** possède un dessin préparatoire à la sépia pour cette planche ; ce dessin offre d'assez nombreuses variantes avec l'estampe.

Le cuivre existe (Cercle des Beaux-Arts, Madrid).

(L. 311 mill. H. 210)

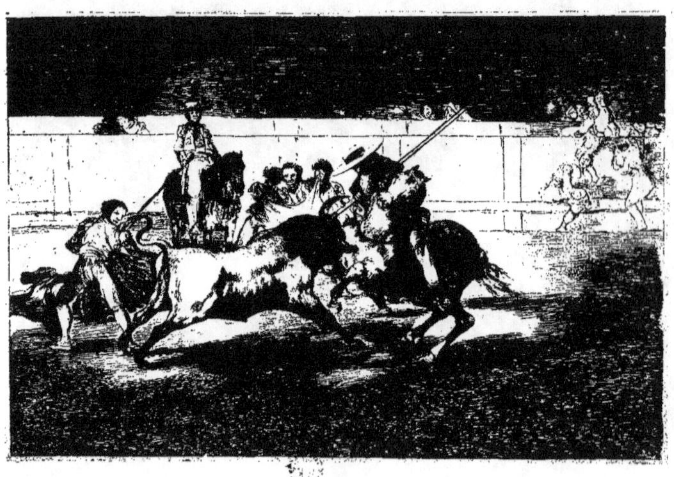

1er État.

Planche 28 de la Tauromachie.

1er Etat. A l'eau-forte pure, avant le n°. De toute rareté. L'État reproduit. Bibliothèque de l'Université, Paris.

2e — Avec un léger ton d'aqua-tinte, mais encore avant le n°. Fort rare. Collection de M. Maurice Pereire.

3e — Avec le n° 28 en H. à D., en marge. Le cuivre est à biseaux étroits (1er, 2e et 3e tirages).

4e — Les biseaux du cuivre sont élargis (4e tirage, Loizelet et suiv.). Le n° est renforcé.

VENTE : P. Lefort (1869), 2e état, 26 fr.

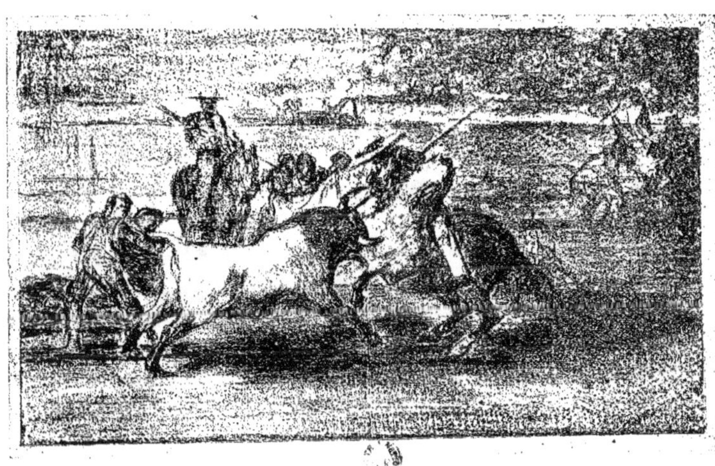

* Un dessin préparatoire de Goya pour cette planche est conservé à la Kunsthalle de Hambourg; nous
en donnons ci-dessus un fac-simile réduit.

Le cuivre existe (Cercle des Beaux-Arts, Madrid).

252. — PEPE ILLO FAISANT LA RECORTE AU TAUREAU

(L. 312 millim. H. 203)

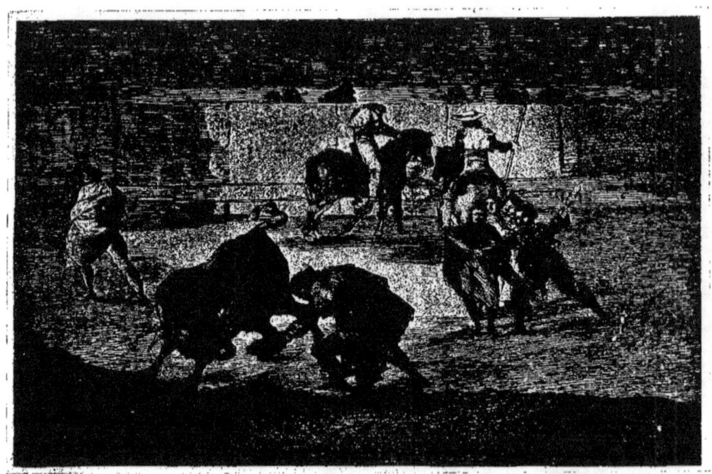

Planche 29 de la Tauromachie.

1er État. A l'eau-forte pure, avant le n°, le nom de Goya visible à l'angle inférieur droit. De toute rareté.

2e — Avec l'aqua-tinte, mais encore avant le n°. Le nom du maître n'est plus visible sous le ton d'aqua-tinte. Fort rare.

3e — Avec le n° 29 en H. à D., en marge. Le cuivre est à biseaux étroits.

4e — Les biseaux du cuivre sont élargis. (4e tirage, Loizelet et suiv.)

VENTES : P. Lefort (1869), 1er état, 22 fr.; 2e état, 25 fr. ; Alf. Beurdeley (1920), 2e état, épreuve de Burty, 330 fr.

Le Musée du Prado possède un dessin préparatoire à la sanguine pour cette planche ; ce dessin offre des variantes avec l'estampe.

Le cuivre existe (Cercle des Beaux-Arts, Madrid).

253. — PEDRO ROMERO TUANT UN TAUREAU IMMOBILE

(L. 307 millim. H. 210)

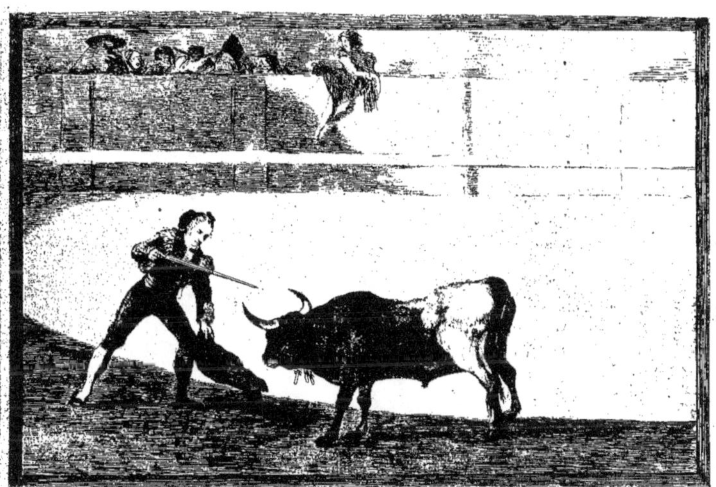

Planche 30 de la Tauromachie.

1ᵉʳ État.   Avant le numéro. De toute rareté.

2ᵉ   —   Avec le nᵒ 3o en H. à D., en marge ; le cuivre n'est pas biseauté.

3ᵉ   —   Le cuivre est biseauté (4ᵉ tirage, Loizelet et suiv.).

Le cuivre existe (Cercle des Beaux-Arts, Madrid).

254. — LES BANDERILLES DE FEU

(L. 320 millim. H. 212)

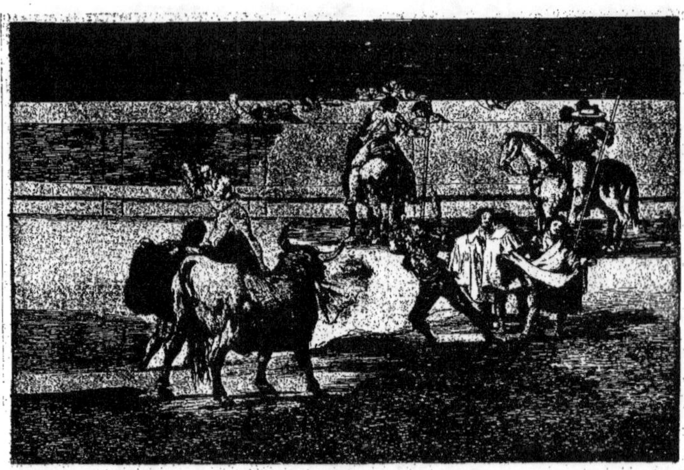

Planche 31 de la Tauromachie.

1ᵉʳ Etat. A l'eau-forte pure, avant le n°. De toute rareté.

2ᵉ — Avec l'aqua-tinte, encore avant le n°. Fort rare. Ex-collection P. Lefort.

3ᵉ — Avec le n° 31 en H. à D., en marge. Le cuivre est à biseaux étroits (1ᵉʳ, 2ᵉ et 3ᵉ tirages).

4ᵉ — Les biseaux du cuivre sont élargis (4ᵉ tirage, Loizelet).

5ᵉ — Avec deux traits échappés : l'un, *vertical*, à gauche, près du T. C., sous la balustrade ; l'autre, *oblique*, à droite, près du T. C., sur la partie claire du terrain (5ᵉ tirage).

VENTE : P. Lefort (1869), 2ᵉ état, 28 fr.

Le **Musée du Prado** possède un dessin préparatoire à la sanguine pour cette planche ; ce dessin offre d'assez nombreuses variantes avec l'estampe.

Le cuivre existe (Cercle des Beaux-Arts, Madrid).

255. — DEUX GROUPES DE PICADORS CULBUTÉS
PAR UN MÊME TAUREAU

(L. 310 millim. H. 203)

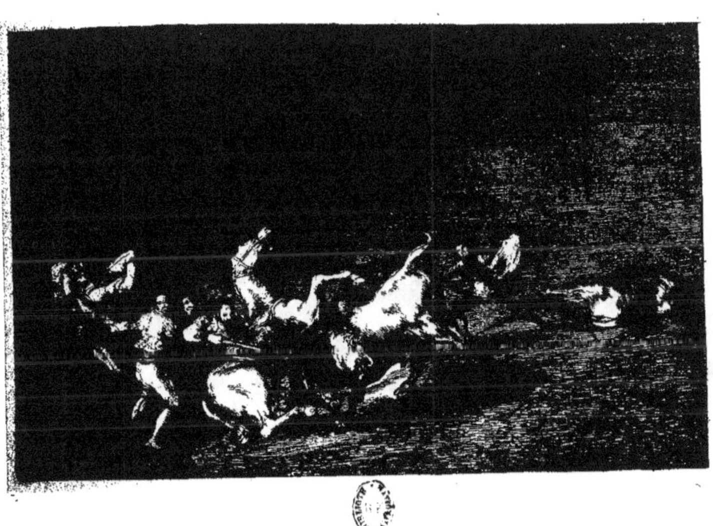

Planche 32 de la Tauromachie.

———

1ᵉʳ État. A l'eau-forte pure, avant le n°. De toute rareté.

2ᵉ — Avec aqua-tinte partielle, mais encore avant le n°. Fort rare. Bibliothèque de l'Université, Paris.

3ᵉ — Avec le n° 32 en H. à D., en marge. Le cuivre est à biseaux étroits (1ᵉʳ, 2ᵉ et 3ᵉ tirages).

4ᵉ — Les biseaux du cuivre sont élargis, le chiffre 32 est renforcé (4ᵉ tirage, Loizelet et suiv.).

———

VENTES : P. Lefort (1869), 2ᵉ état, 28 fr.; Ph. Burty (Londres, 1876), 2ᵉ état, 16 sh.

———

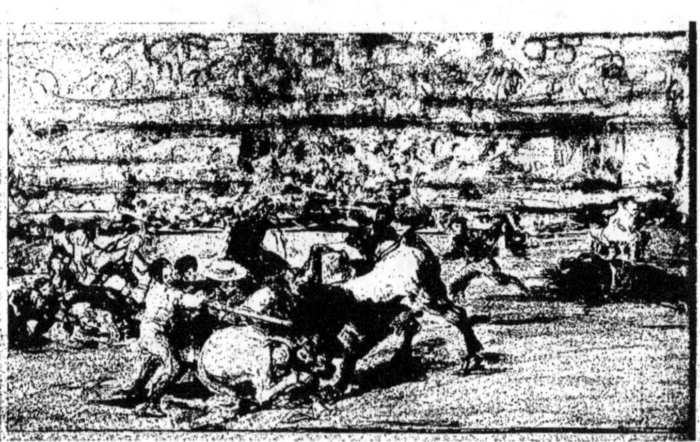

Un très beau dessin préparatoire de Goya pour cette planche est conservé à la **Kunsthalle de Hambourg**; nous en donnons ci-dessus un fac-simile réduit. Ce dessin a été également reproduit dans la plaquette suivante : *Austellung von zeichnungen alte meister aus den Sammlungen der Kunsthalle zu Hamburg*, 1920.

———

Un second dessin, comprenant le groupe principal seulement et exécuté à la sanguine, est conservé au **Musée du Prado**.

———

Le cuivre existe (Cercle des Beaux-Arts, Madrid).

256. — LA MALHEUREUSE MORT DE PEPE ILLO
DANS LA PLACE DE MADRID

(L. 306 millim. H. 202)

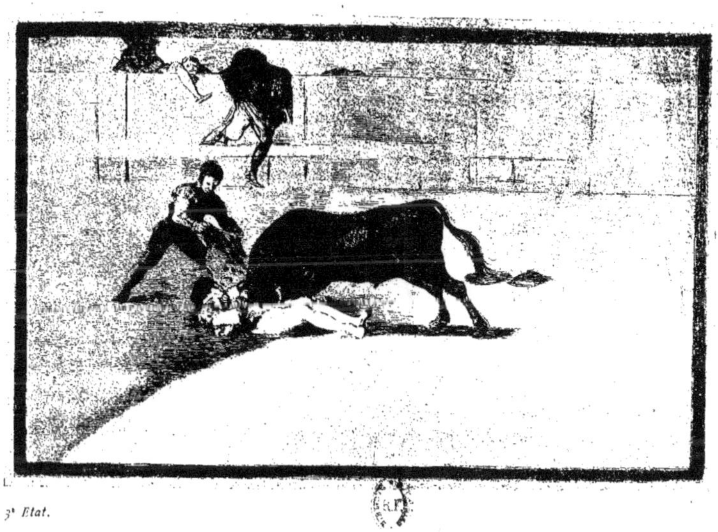

3ª État.

Planche 33 de la **Tauromachie**.

1ᵉʳ État. A l'eau-forte pure, avant le nº. De toute rareté.

2ᵉ   —   Avec l'aqua-tinte, mais encore avant le nº. Fort rare.

3ᵉ   —   Avec le nº 33 en H. à D., en marge, mais avant les biseaux et avant les traits échappés. L'État reproduit.

4ᵉ   —   Avec un trait horizontal échappé sur le terrain à droite à mi-hauteur, mais avant un autre trait échappé.

5ᵉ   —   Avec un second trait échappé — oblique — sur la barrière, à droite (tirage Loizelet et suiv.)

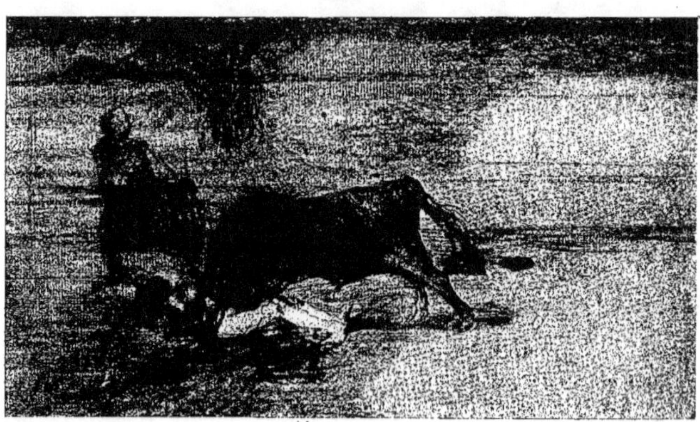

Cette planche a été reproduite dans le **Francisco Goya**, de *K. Bertels*.

Le **Musée** du **Prado** possède un dessin préparatoire à la sanguine pour cette planche ; ce dessin offre quelques variantes avec l'estampe. Nous en donnons ci-dessus une reproduction réduite.

A. de Beruete considère cette pièce comme l'une des plus belles de la série de la **Tauromachie**.

Le cuivre existe (Cercle des Beaux-Arts, Madrid).

257. — UN SEIGNEUR ESPAGNOL BRISE UNE LANCE,
AVEC L'AIDE DE NOVILLOS

(L. 325 millim. H. 207)

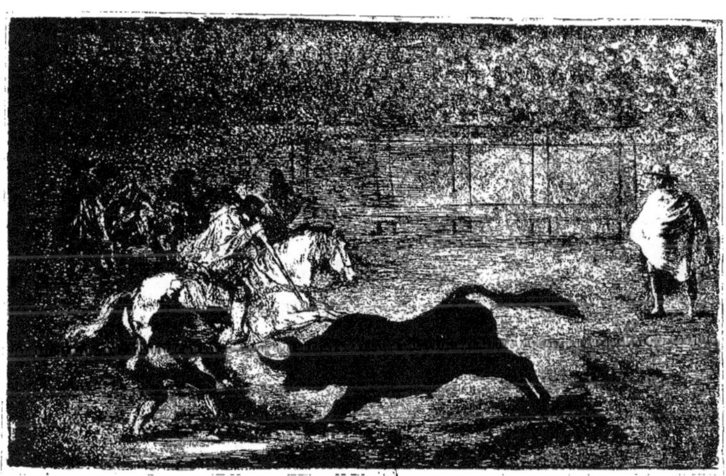

2ᵉ État.

Planche 34 (A) de la **Tauromachie**.

1ᵉʳ État. Avant la lettre A, en H. à D., en marge, avant quelques travaux sur le taureau qui est moins également noir que dans le second état, et avant des grattages sur le cavalier et sa monture. De toute rareté. Collection Lazaro, Madrid (avec le n° 38, de la main de Goya).

2ᵉ — Avec de nouveaux travaux éteignant les lumières sur le taureau et avec des grattages sur le cavalier et sa monture qui se détachent en clair. Avec la lettre majuscule : A, en H. à D., en marge. **L'État reproduit** (4ᵉ tirage, Loizelet et suiv.).

Le Musée du Prado possède une première pensée de cette composition, exécutée à la sanguine et offrant des variantes avec l'estampe.

Le cuivre existe (Cercle des Beaux-Arts, Madrid).

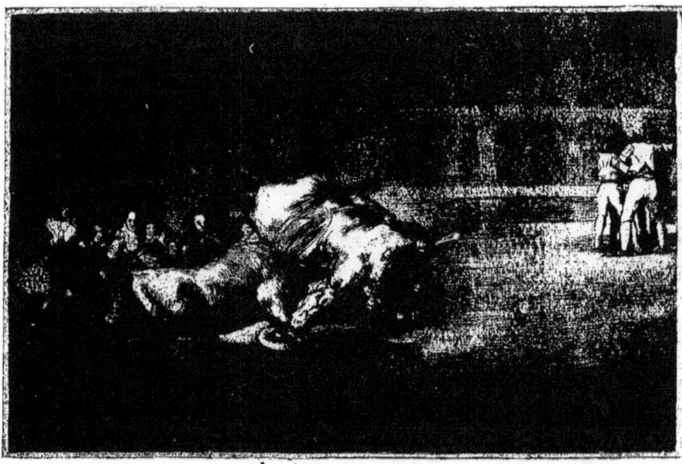

1er Etat.

Planche 35 (B) de la **Tauromachie**.

———

1er Etat. Avant la lettre majuscule B, dans la marge du H. à D., et avant des travaux à la pointe sèche
sous le poitrail du cheval, de la jambe de l'homme renversé, sur l'échine du taureau, sur les
vêtements de deux des personnages derrière le taureau. Egalement *avant* le mors-aux-dents,
à la tête du cheval. De toute rareté. **L'État reproduit.** Collection Lazaro, Madrid.

2e — Avec les additions à la pointe signalées ci-dessus, et avec la lettre B dans la marge en H. à D,
Un mors-aux dents a été ajouté au-dessus des naseaux du cheval (tirages Loizelet, 1876, et
suiv.).

———

Le **Musée du Prado** possède un dessin préparatoire à la sanguine pour cette planche ; ce dessin offre
des variantes avec l'estampe.

———

Le cuivre existe (Cercle des Beaux-Arts, Madrid).

(L. 317 millim. H. 205)

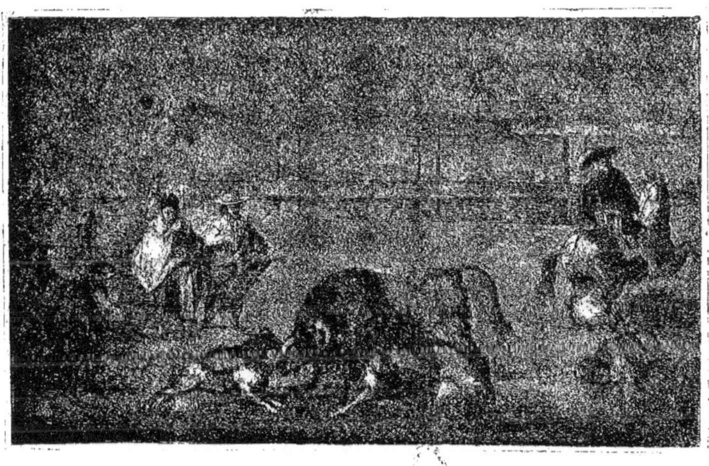

Planche 36 (C) de la Tauromachie.

1er Etat.   Avant la lettre majuscule C. Fort rare.

2e   —   Avec la lettre majuscule C. en H. à D., en marge (tirages Loizelet et suiv.).

Le Musée du Prado possède le dessin préparatoire à la sanguine pour cette gravure, qui est une variante de la planche 25 de la série, ou mieux une première planche rejetée par l'artiste comme imparfaite.

Le cuivre existe (Cercle des Beaux-Arts, Madrid).

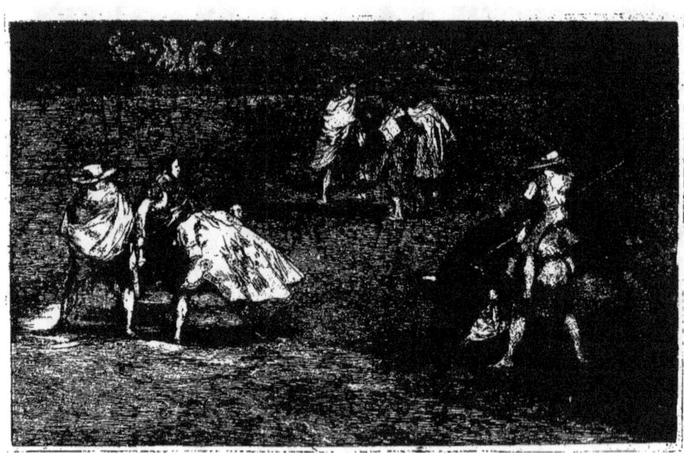

Planche 37 (D) de la **Tauromachie**.

1ᵉʳ Etat. Avant la lettre majuscule **D.**, en H. à D. Fort rare.

2ᵉ — Avec la lettre majuscule : **D.**, en H. à D. (Tirages Loizelet, 1876, et suiv.).

Le **Musée du Prado** possède le dessin préparatoire à la sanguine pour cette planche.

Le cuivre existe (Cercle des Beaux-Arts, Madrid).

(L. 327 millim. H. 217)

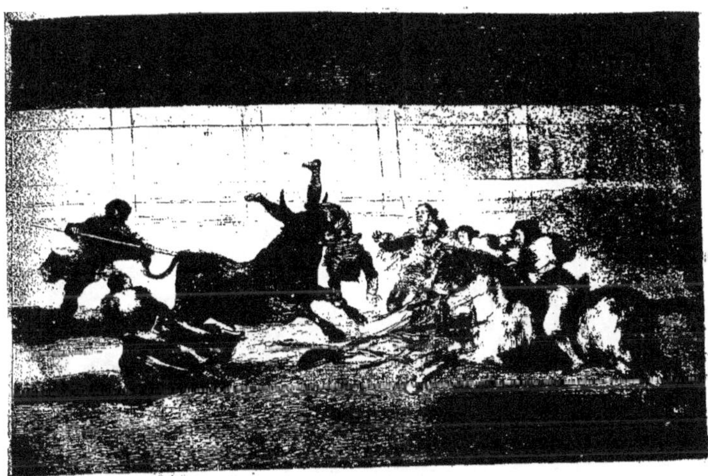

Planche 38 (E) de la **Tauromachie**.

1ᵉʳ État. Avant la lettre majuscule **E**, dans la marge du H. à D., et avant de nombreux traits échappés. Fort rare. Bibliothèque Nationale, Madrid, M. Lazaro, Madrid.

2ᵉ — Avec la lettre E en H. à D., en marge, et de nombreux traits échappés dans le fond (tirages Loizelet, 1876, et suiv.).

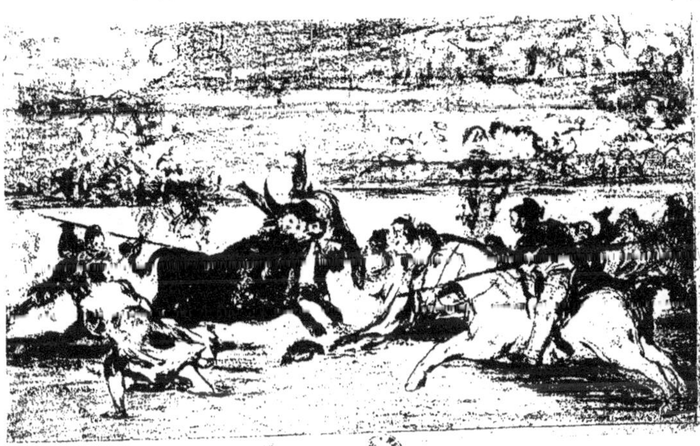

Nous donnons ci-dessus un facsimile réduit du dessin préparatoire (de Goya) en vue de la planche 38, et conservé à la **Kunsthalle de Hambourg**. ___ *Le cuivre existe* (Cercle des Beaux-Arts, Madrid).

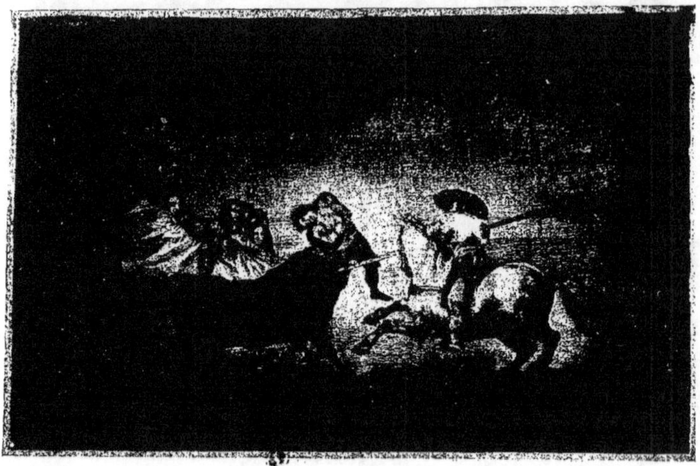

1ᵉʳ Etat.

Planche 39 (F) de la Tauromachie.

———————

1ᵉʳ État. Avant le second pied de l'homme enlevé par le taureau, et avant la lettre majuscule **F**. De toute rareté. L'État reproduit. Bibliothèque Nationale, Madrid (épr. de Carderera, tirée recto et verso).

2ᵉ — Avec la lettre **F**. en H. à D., en marge, et avec le second pied de l'homme enlevé par le taureau (tirages Loizelet, 1876 et suiv.).

———————

Le cuivre existe (Cercle des Beaux-Arts, Madrid).

(L. 319 millim. H. 215)

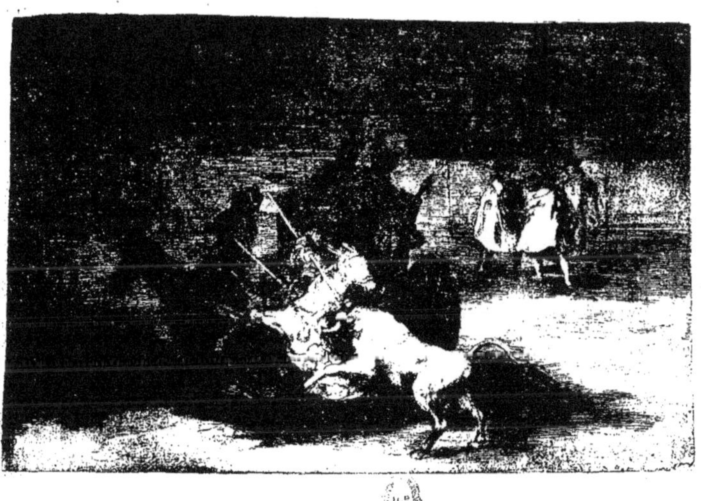

Planche 40 (G) de la Tauromachie.

1er État. A l'eau-forte pure, avant la lettre G., en H. à D., en marge. De toute rareté.

2e — Avec l'aqua-tinte, mais encore avant la lettre G., et avec des essais de pointe dans l'angle supérieur gauche. De toute rareté. Bibliothèque Nationale, Madrid.

3e — Avec la lettre majuscule : G., en H. à D., en marge. Le terrain est sillonné à droite, de nombreux traits échappés ou rayures verticales et obliques (tirages Loizelet, 1876, et suiv.).

Un dessin préparatoire de Goya, pour cette planche, est conservé au **Musée du Prado**; il a été reproduit dans le **Francisco de Goya**, de *V. von Loga*.

Le cuivre existe (Cercle des Beaux-Arts, Madrid).

264. — TÉMÉRITÉ DE MARTINCHO DANS LA PLACE DE SARAGOSSE
(Variante de la planche 18).
(L. 321 millim. H. 214)

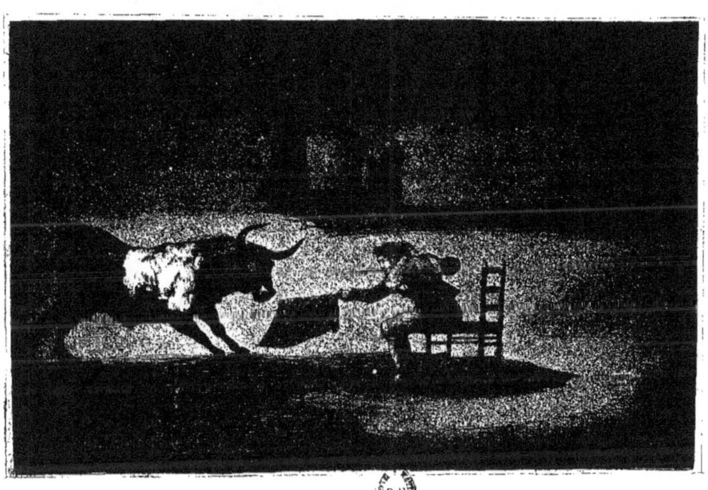

2ᵉ Etat.

1ᵉʳ Etat. A l'eau-forte pure. De toute rareté.

2ᵉ — Avec l'addition d'un ton d'aqua-tinte. De toute rareté. **L'Etat reproduit.** Collection de
M. Hofmann fils.

VENTE : P. Lefort (1869), 1ᵉʳ et 2ᵉ états, 42 fr.

Le **Musée du Prado** possède une première pensée de cette composition, renfermant un plus grand
nombre de figures.

Cette pièce a été reproduite dans le **Goya's Seltene Radierungen...** de V. von Loga, dans le **Francisco
de Goya**, de J. Hofmann, et dans le **Goya grabador**, de A. de Beruete.

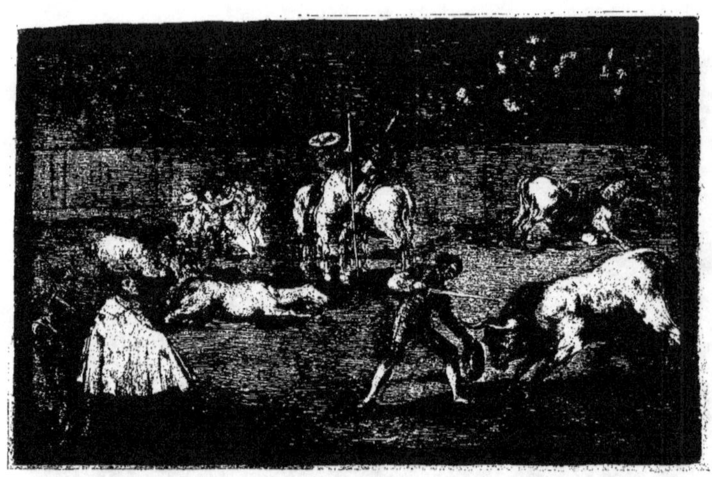

2ᵉ *Etat.*

1ʳ Etat. Avant divers travaux formant encadrement autour du sujet. De toute rareté, sinon unique.
Collection José Lazaro, Madrid.

2ᵉ — Avec des travaux formant encadrement autour du sujet. L'État reproduit. De toute rareté,
sinon unique. Bibliothèque Nationale, Madrid (épreuve de Carderera).

————

Cette planche demeurée *inédite*, et dont on ne connaît jusqu'à ce jour que deux épreuves, est
reproduite dans **Goya's Seltene Radierungen**…, *de V. von Loga*, puis dans le **Goya grabador,** de *A. de
Beruete.*

Julius Hofmann mentionne un état de cette pièce, avec un ton d'aqua-tinte, mais sans autre
indication.

————

Le **Musée du Prado** possède le dessin préparatoire à la sanguine pour cette planche.

————

266. — MARIANO CEBALLOS (?), MONTANT UN TAUREAU, BRISE DES BANDERILLES SUR LA PLACE DE MADRID

(L. 313 millim. H. 202)

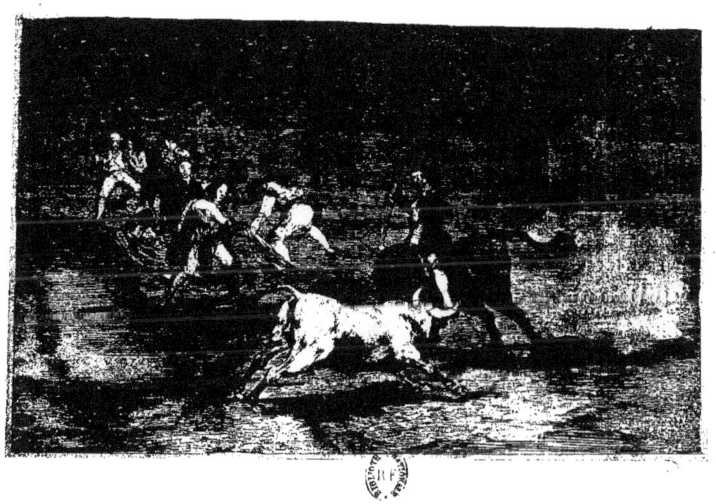

Bibliothèque Nationale, Madrid (épreuve de Carderera). Cette épreuve que nous reproduisons, et que Jules Hofmann cite comme étant avant l'aqua-tinte, porte au contraire des traces de grain sur diverses parties de la planche. De toute rareté.

———

Cette planche est reproduite dans Goya's Seltene Radierungen..., de V. von Loga, puis dans le Goya grabador, de A. de Beruete, mais en sens inversé.

———

Le Musée du Prado possède une première pensée, de cette composition, offrant des variantes avec l'estampe.

———

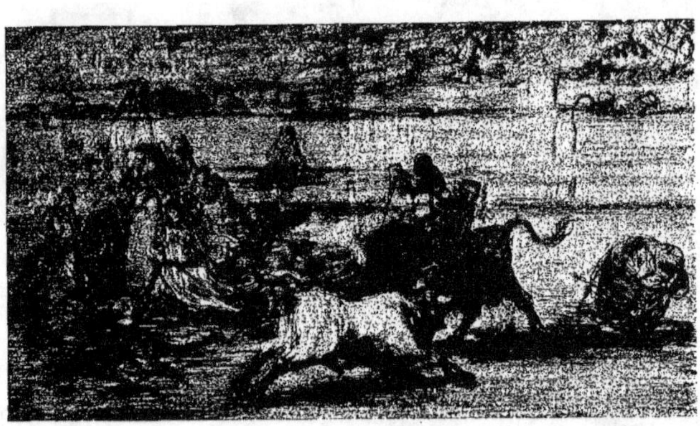

Nous donnons ci-dessus une reproduction réduite du dessin auquel nous faisons allusion à la page précédente.

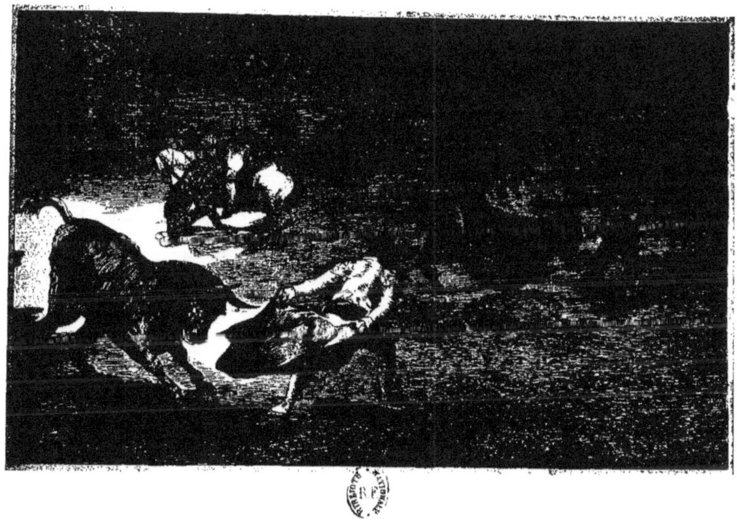

Collection de M. Eduardo Carderera. Seul exemplaire connu et cité pour la première fois par
A. de Beruete (n° 250 de son catalogue de l'œuvre gravé et lithographié de Goya), 1918. Cette pièce
n'ayant encore jamais été reproduite, nous sommes particulièrement heureux que M. Eduardo Carderera
nous ait très aimablement facilité les moyens de la faire connaître à nos lecteurs, ce dont nous le remer-
cions bien vivement.

LITHOGRAPHIES

268. — LA VIEILLE FILANT

(H. 210 millim. L. 140)

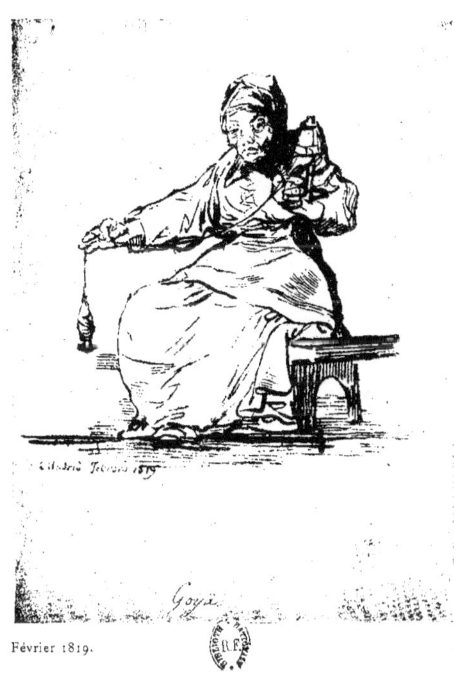

Février 1819.

Lithographie rarissime, tirée à 6 épreuves.

Bibliothèque Nationale, Madrid (épreuve de Carderera), British Museum.

La Vieille filant a été reproduite dans Goya's Seltene Radierungen..., de V. von Loga, puis dans Goya grabador, de A. de Beruete.

(L. 230 millim. H. 220)

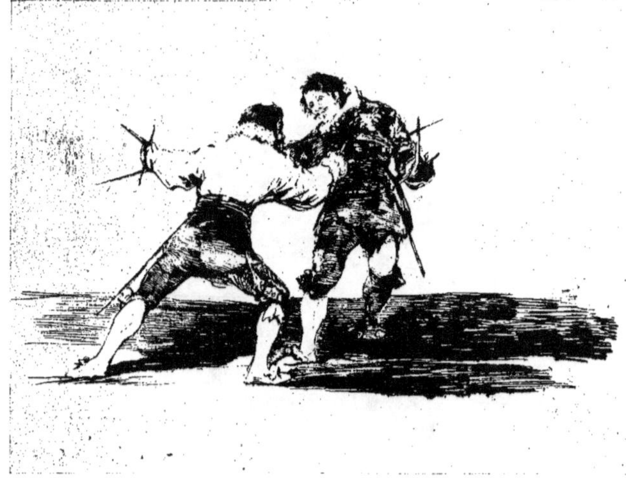

Lithographie *sans lettre, ni signature*, exécutée à la plume de roseau.

Très rare.

Bibliothèque Nationale, Madrid (épreuve de Carderera), British Museum (épreuve de Galichon).

VENTES : P. Lefort (1869), 31 fr. ; Ph. Burty (Londres, 1876), 6 sh. ; Emile Galichon (1875), 135 fr. ; Alfred Beurdeley (1920), 390 fr.

Un fac-simile de cette pièce, obtenu par le procédé Pilinski, a été publié dans la **Gazette des Beaux-Arts** (t. XXV, 1868, p. 177) ; cette reproduction, que l'on confond parfois avec la planche originale, porte au bas à gauche : *Madrid Março, 1819*, puis vers le milieu quelques traits et le nom de Goya.

---

270. — UN MOINE

(H. 130 millim. L. 0,80-90)

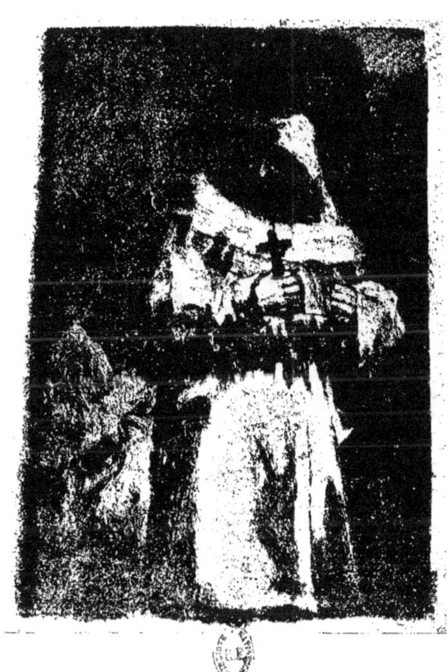

Lithographie sans lettre, ni signature, exécutée à Madrid.

———————

Kupferstiche Kabinet, Berlin (épreuve de R. de Madrazo). Seul exemplaire connu, acquis en 1905 pour la somme de 1 000 marks environ.

———————

Cette lithographie a été reproduite dans : Jahrbuch der Kgl. preuss. Kunstsammlungen, 1905, dans **Goya's Seltene Radierungen...**, de V. von Loga, puis dans le Goya, de Calvert, Londres, 1908.

———————

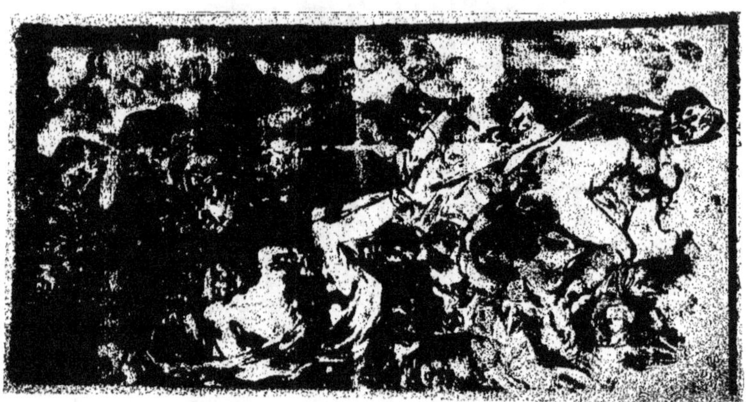

Bibliothèque Nationale, Madrid (épreuve de Carderera).

———

Cette rarissime lithographie a été signalée et décrite dans la *Gazette des Beaux-Arts* (année 1863), par D. V. Carderera, qui possédait alors l'épreuve regardée à cette date comme unique : « La figure est « d'un dessin savant, les raccourcis sont irréprochables. Le procédé est très bizarre ; des ombres ont été « dessinées avec un gros pinceau, et les demi-teintes, ainsi que les chairs, ont été obtenues par un frottis « très gras. »

———

Le British Museum possède le dessin préparatoire pour la *Scène de diablerie* ; il est au lavis et a été acquis à la vente Ph. Burty, au prix de 1 £, 18 sh. ; il provenait de la vente P. Lefort.

———

La *Scène de diablerie* est reproduite dans *Goya's Seltene Radierungen und Lithographien*, de *V. von Loga*, Berlin, 1907.

———

272. — EXPRESIVO DOBLE FUERZA (EXPRESSION DE DOUBLE FORCE)

(L. environ 180 millim. H. 120)

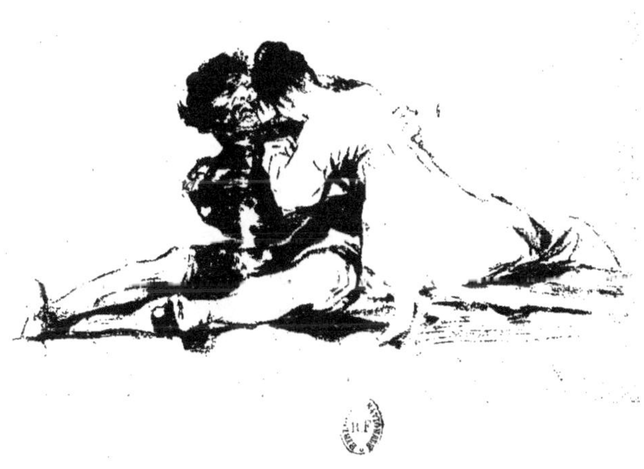

Lithographie sans lettre, ni signature, exécutée à Madrid.

———

Bibliothèque Nationale, Madrid (épreuve de Carderera), Bibliothèque publique de New-York, épreuve portant en marge, de la main de Goya ? l'inscription *manuscrite* suivante : **Expresivo doble fuerza.**

———

Cette lithographie dont on ne connaît jusqu'à ce jour que deux épreuves, est reproduite dans **Goya's Seltene Radierungen...**, de V. von Loga, dans le **Francisco Goya**, de K. Bertels, puis dans le **Goya grabador,** de A. de Beruete.

———

Cette lithographie est encore connue sous les titres : **Le Soudard** (*Paul Lefort*) et le **Couple amoureux (Pareja amorosa)** (*A. de Beruete*).

———

(H. 130 millim. L. 150)

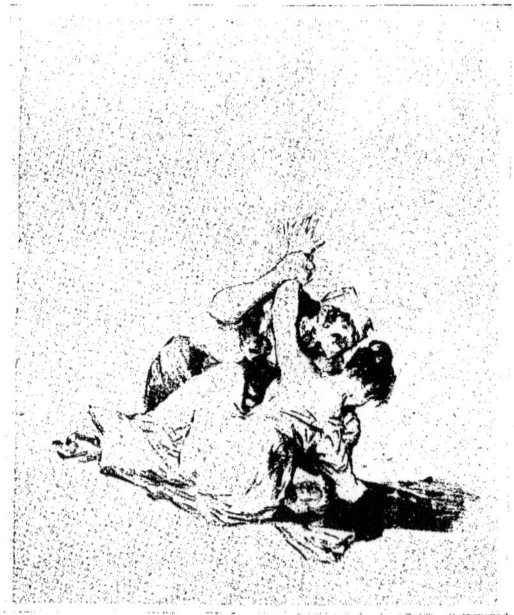

Lithographie sans lettre, ni signature, exécutée à Madrid.

————

Kupferstiche Kabinet, Berlin (épreuve de R. de Madrazo). Seule épreuve connue.

————

Cette lithographie, désignée par A. de Beruete sous le titre Ebrio de Amor (Ivre d'Amour), a été reproduite dans le Goya's Seltene Radierungen..., de V. von Loga, dans le Francisco Goya, de K. Bertels, dans le Goya, de Calvert (sous le titre : *A Gentle episoda*), puis dans le Goya grabador, de A. de Beruete.

————

(L. 270 millim. H. 170)

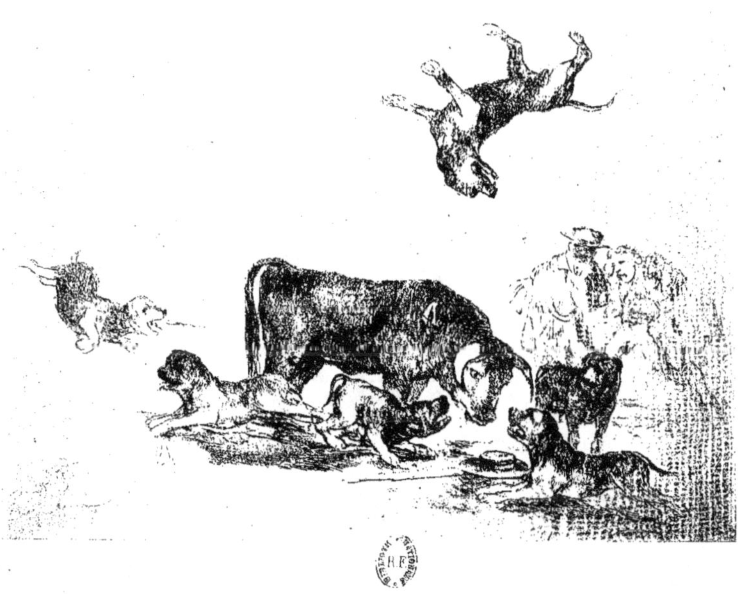

Lithographie rarissime, sans lettre, ni signature. Cette pièce a quelque analogie avec les planches 25 et 36 de la Tauromachie (voir les n⁰ˢ 248 et 259).

Bibliothèque Nationale, Madrid (épr. de Carderera), Kupferstiche Kabinet, Berlin (épr. de F. Boix), The Hispanic Society, of America.

Le Taureau assailli par les chiens est reproduit dans Goya's Seltene Radierungen, de V. von Loga, dans Goya grabador, de A. de Beruete, puis dans L'Art et le Beau (Goya, par Lothaire Brieger).

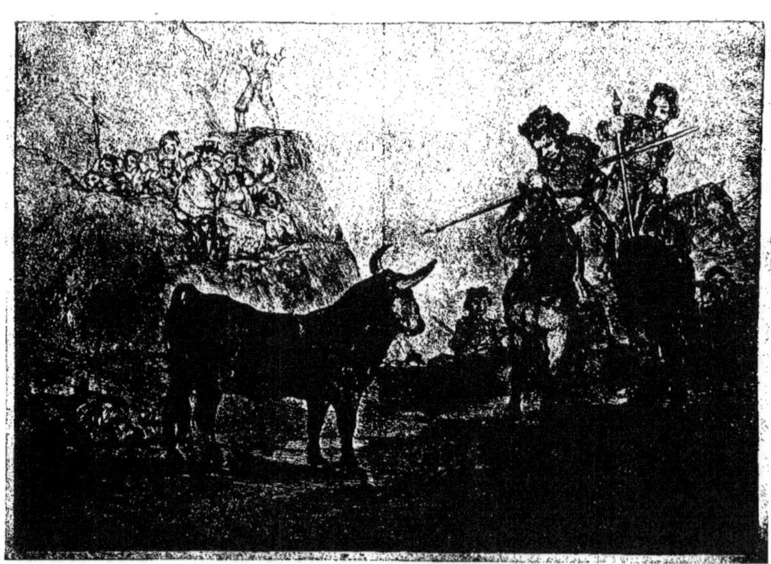

Lithographie sans lettre, ni signature.

———

Kupferstiche Kabinet, Berlin (épreuve de F. Boix). Seul exemplaire connu.

———

Cette lithographie a été reproduite dans Goya's Seltene Radierungen…, de V. von Loga, dans Goya grabador, de A. de Beruete, puis dans *L'Art et le Beau* (Goya, par Lothaire Brieger).

———

(L. 132 millim. H. 130)

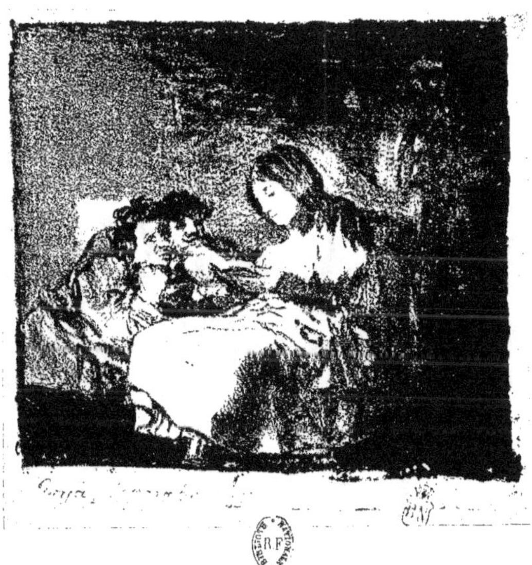

Lithographie sans lettre, ni signature, exécutée à Madrid.

———

Bibliothèque Nationale, Madrid (épreuve de Carderera), Cabinet des Estampes, Paris, British Museum (épr. de Burty), Kupferstiche Kabinet, Berlin (épr. de Madrazo), M. O. Gerstenberg.

———

VENTES : P. Lefort (1869), 10 fr.; Ph. Burty (Londres, 1876), 1 £

———

Cette fort rare lithographie est reproduite dans Goya's Seltene Radierungen..., de V. von Loga, dans le Goya, de Calvert (sous le titre : *Fairy tales*), puis dans le Goya grabador, de A. de Beruete.

———

277. — LE SOMMEIL

(L. 160 millim. H. 140)

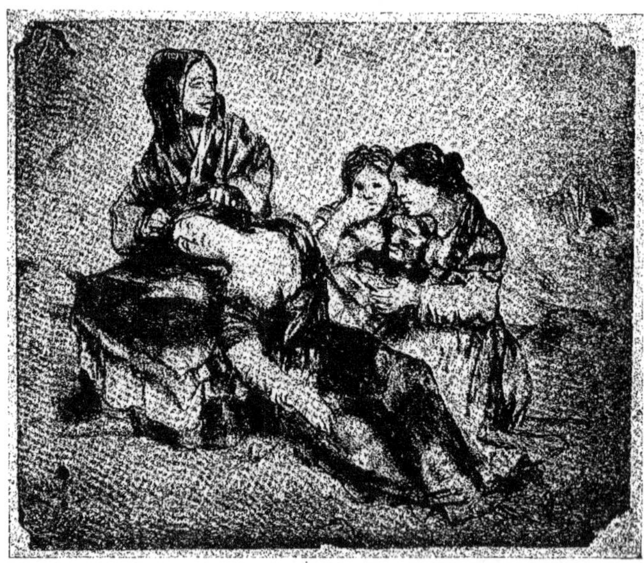

Lithographie sans lettre, ni signature, exécutée à Madrid.

———

Nous ne connaissons que deux épreuves de cette pièce ; l'une appartient à M. Maurice Pereire (provenant de Christobal Ferriz), l'autre fait partie du fonds du Kupferstiche Kabinet, de Berlin.

Elle a été reproduite à diverses reprises : dans le Goya's Seltene Radierungen..., de V. von Loga, dans le F. de Goya, de J. Hofmann, dans le Goya, de Culvert, sous le titre : *One more infortunate*, puis dans le Goya grabador, de A. de Beruete.

———

Julius Hofmann indique que l'épreuve du Kupferstiche Kabinet, de Berlin, a été acquise de R. de Madrazo, en 1905, pour la somme de 1.000 marks environ.

———

278. — EL VITO, CHANSON ANDALOUSE (ou LA DANSE ESPAGNOLE)

(L. 200 millim. H. 185)

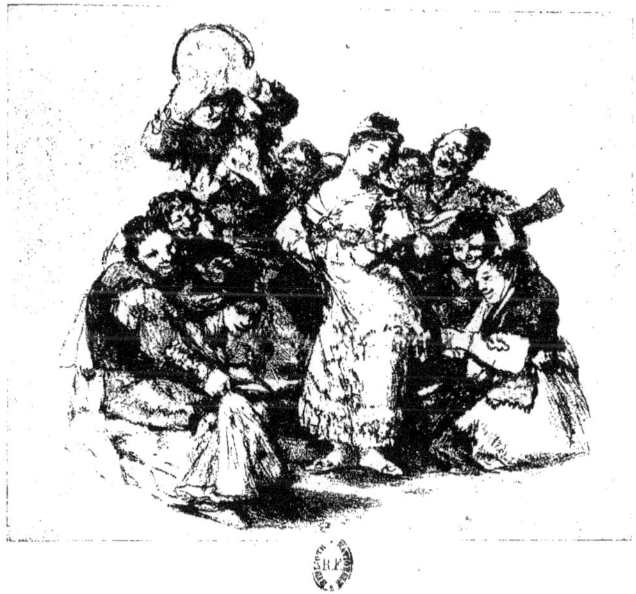

Lithographie exécutée à Bordeaux (1825).

Très rare.

Bibliothèque Nationale, Madrid (épr. de Carderera), Bibliothèque Nationale, Paris, British Museum (épr. de Burty), Kupferstiche Kabinet, Berlin (épr. de F. Boix), MM. José Lazaro, Maurice Pereire (épr. de C. Ferriz).

VENTES : Eugène Delacroix (1864), 23 fr.; Ph. Burty (Londres, 1876), 1 £ 16 sh.

« M. Matheron, dans une note de sa biographie de Goya, — écrit Paul Lefort, — donne le titre :
« *les Bohémiens* à une pièce lithographiée qu'il ne décrit pas. Nous croyons, — ajoute-t-il, — que cette
« pièce n'est autre que la *Danse espagnole.* »

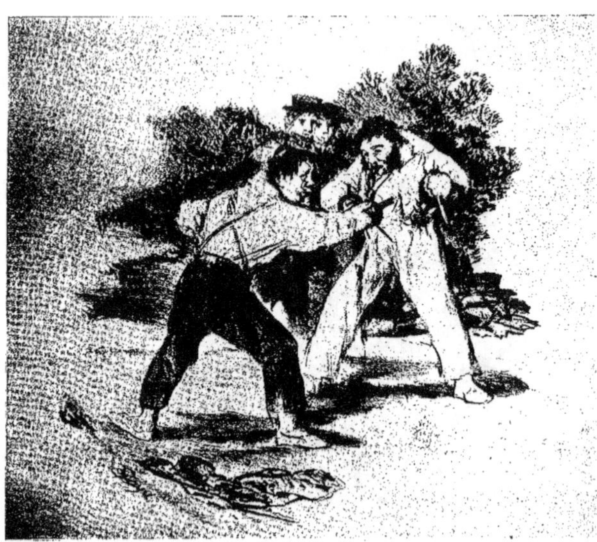

Lithographie exécutée à Bordeaux.

————

Bibliothèque Nationale, Madrid (épr. de Carderera), British Museum (épr. de Burty), Kupferstiche Kabinet, Berlin (épr. de F. Boix), MM. le Dr Berolzheimer, José Lazaro, Madrid.

————

VENTE : Ph. Burty (Londres, 1876), 2 £, 2 sh.

————

Cette fort rare lithographie est reproduite dans le **Catalogue de l'œuvre gravé de Goya**, par J. Hofmann, le **Goya's Seltene Radierungen...**, de V. von Loga, dans le **Francisco Goya**, de K. Bertels, puis dans le **Goya grabador**, de A. de Beruete.

————

280. — LE DROMADAIRE

(L. 150 millim. H. 100)

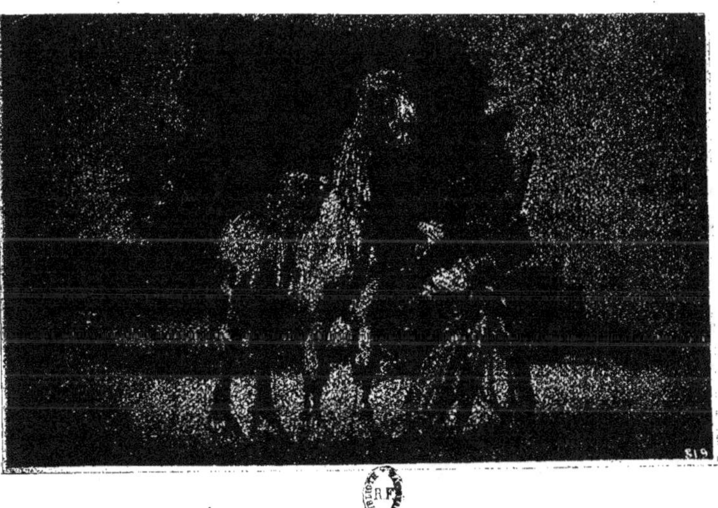

Cette lithographie dont on ne connaît que l'exemplaire appartenant à la collection Lazaro, et provenant, ainsi que les trois suivantes, de la famille de Maria del Rosario Weiss, élève et protégée de Goya, a été reproduite pour la première fois dans le Goya grabador, de A. de Beruete.

(L. 172 millim. H. 117)

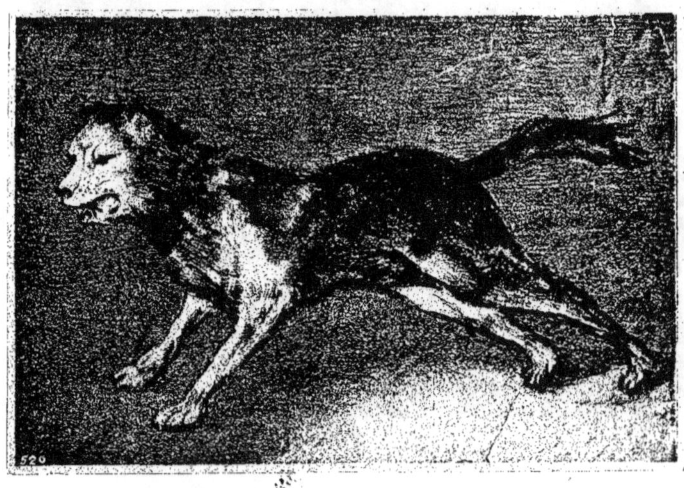

Cette lithographie, dont on ne connaît que l'exemplaire appartenant à la collection Lazaro, a été reproduite pour la première fois dans le **Goya grabador**, de A. de Beruete.

(L. 155 millim. H. 100)

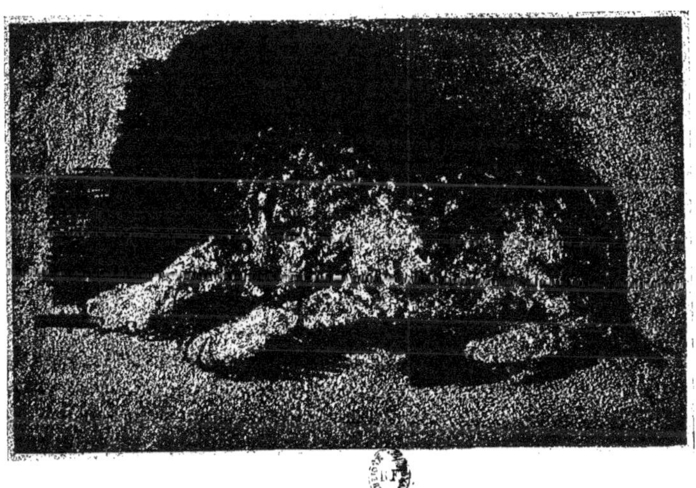

Cette lithographie, dont on ne connaît que l'exemplaire appartenant à la collection Lazaro, a été reproduite pour la première fois dans le **Goya grabador**, de A. de Beruete.

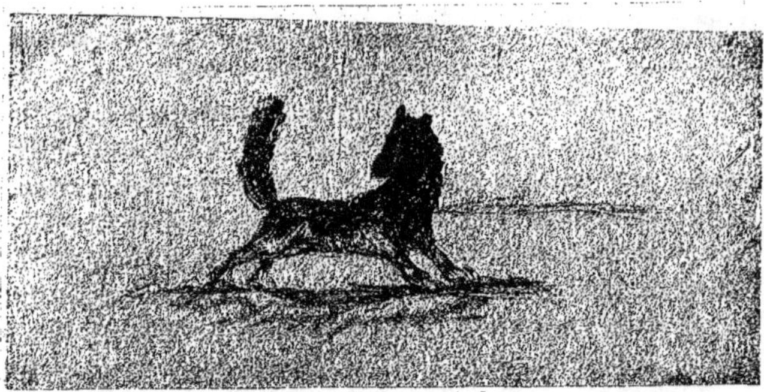

Lithographie.

———

Collection de M. José Lazaro. **Seul exemplaire connu**, reproduit pour la première fois.

———

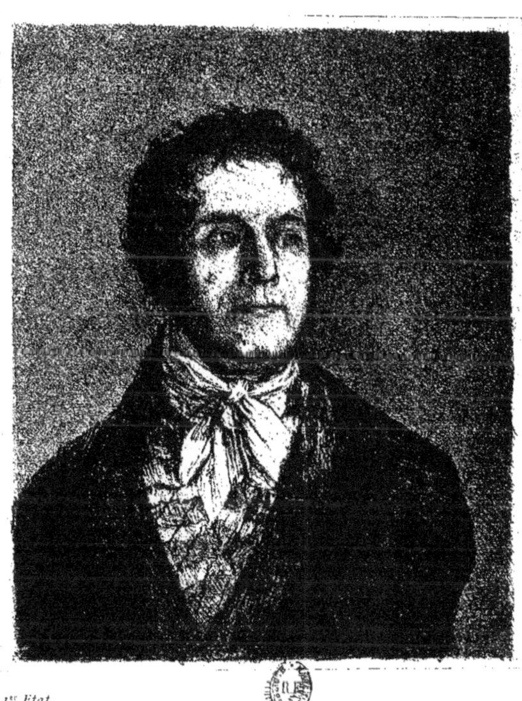

1er État.

1er **Etat. Celui reproduit.** De toute rareté. Cabinet des Estampes, Paris (épreuve d'Eug. Delacroix).

2e — Le contour du bras gauche du personnage est élargi dans le bas. De toute rareté. Collection J. Lázaro, Madrid (épreuve provenant de la famille de Maria del Rosaria Weiss, élève et protégée de Goya).

VENTES : Eugène Delacroix (1864), 35 fr. : P. Lefort (1869), 13 fr.

Julius Hofmann, dans son catalogue raisonné de l'œuvre gravé et lithographié de Goya, indique une épreuve de cette pièce comme figurant au British Museum, et provenant de la collection Burty. Mais il y a confusion ; il ne s'agit pas en effet du portrait de l'Imprimeur Gaulon, mais d'une autre lithographie de Goya, le portrait *présumé* de Gaulon fils, qu'Hofmann a d'ailleurs mentionné d'autre part (sous le n° 284 de son catalogue) et que nous enregistrons sous le n° qui suit.

Le portrait de l'Imprimeur Gaulon est reproduit dans Goya's Seltene Radierungen..., de V. von Loga, dans l'Imprimeur Gaulon et les origines de la Lithographie à Bordeaux, par Eugène Bouvy, 1918, puis dans le Goya grabador, de A. de Beruete.

L'imprimeur-lithographe Gaulon (Cyprien-Charles-Marie-Nicolas), naquit à Saint-Domingue, au Fort Dauphin, le 16 septembre 1777. Après avoir été tout d'abord instituteur primaire, au retour d'un engagement à l'armée, Gaulon s'établit imprimeur à Bordeaux (1818). Il mourut dans la même ville, le 15 janvier 1858. Sa veuve continua de diriger l'imprimerie-lithographique qu'il avait fondée, jusqu'en 1874, époque où elle la céda à son gendre Michel Watterwald, dont les fils continuent de gérer une maison aujourd'hui centenaire.

En dehors de nombreux travaux découlant de l'industrie et de l'art industriel, Gaulon a également attaché son nom aux tirages de lithographies exécutées par Gustave de Galard, Léon Pallière, Alaux, Devéria, Grèvedon même, enfin... Goya !

Dans une brochure intitulée : L'Imprimeur Gaulon et les origines de la Lithographie à Bordeaux, M. Eugène Bouvy a évoqué ce que l'on connaît de la vie et des travaux de cet habile imprimeur, et y a condensé les documents relatifs a Gaulon et à ses descendants. Les renseignements consignés ici sont empruntés à cette brochure.

---

285. — PORTRAIT PRÉSUMÉ DE NEMOURS GAULON FILS

(H. environ 220 millim. L. 180)

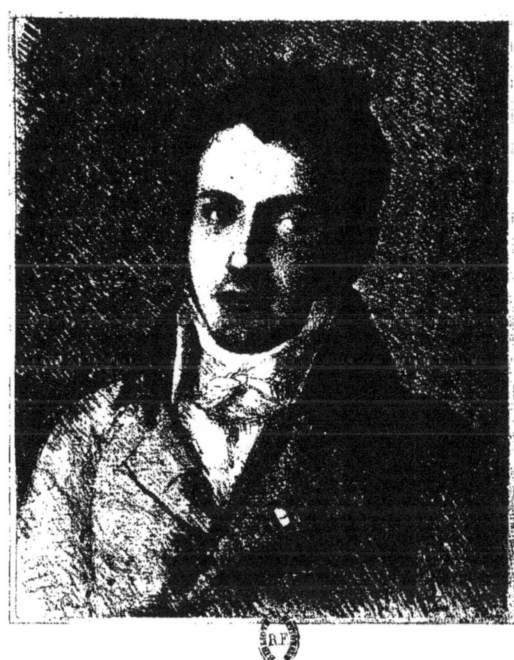

British Museum (épreuve de Ph. Burty). Seul exemplaire connu. Selon une note du catalogue Burty, une autre épreuve de cette pièce appartient à F. Villot.

Cette lithographie est reproduite dans *Goya's Seltene Radierungen...* de V. von Loga, dans *Lithography and Lithographers*, de J. et E. R. Pennell, puis dans le *Goya grabador*, de A. de Beruete.

Philippe Nemours Gaulon, fils de l'imprimeur, naquit à Bordeaux le 13 octobre 1809; il avait donc environ 18 ou 19 ans à l'époque ou Goya exécuta la lithographie reproduite ci-dessus.

VENTE : Ph. Burty (Londres, 1876), 10 sh.

LES TAUREAUX, DITS DE BORDEAUX

(N°s 286 à 289)

Les biographes de Goya, depuis Paul Lefort jusqu'à y compris A. de Beruete, sont unanimes à fixer à 300 exemplaires le chiffre du tirage des quatre célèbres lithographies exécutées par le maître à près de 80 ans et connues sous la dénomination des Taureaux de Bordeaux, parce qu'elles furent exécutées dans cette ville (1825).

De récentes recherches faites par M. Eugène Bouvy, à l'occasion d'une brochure qu'il a écrite sur l'imprimeur Gaulon et les origines de la lithographie à Bordeaux, nous permettent de rectifier ce chiffre, grâce au dépôt légal effectué par Gaulon, à la Préfecture de la Gironde, des quatre lithographies de Goya, aux dates des 17 et 29 novembre et du 23 décembre 1825 et où il est déclaré pour chacune d'elles, non pas un tirage à 300, mais à *cent* exemplaires. Nous donnons ci-après le fac-similé des feuillets du registre où se trouvent inscrites les déclarations de Gaulon. « On ne s'étonnera point que le nom de Goya ne figure pas dans le libellé de ces mentions : les noms des auteurs sont toujours omis dans la désignation des planches. » [1]. D'autre part, le tirage restreint de ces quatre lithographies en explique la rareté. « Comme document contemporain de ces pièces, rien n'est resté dans l'héritage de l'imprimeur : ni enga-
« gement... ni renseignements sur la vente, ni surtout les quatres pierres lithographiques qui, sans doute,
« auront été effacées après le tirage... Rien, pas même un exemplaire de chacune des quatre planches, le
« dernier exemplaire disponible ayant été, dit-on, cédé au peintre Eugène Delacroix. » [2]

P. Lefort rappelle, à propos des Taureaux de Bordeaux, les indications données par un de ses prédé-
cesseurs et que nous rapportons à notre tour : « Les détails que donne M. Matheron sur les procédés
« qu'employa l'artiste dans l'exécution de ces quatre grandes pièces sont trop intéressants pour qu'il
« ne nous soit pas permis de les lui emprunter : Goya exécutait ses lithographies sur son chevalet, la
« pierre posée comme une toile. — Il maniait ses crayons comme des pinceaux, sans jamais les tailler. —
« Il restait debout, s'éloignant ou se rapprochant à chaque minute pour juger ses effets. — Il couvrait
« d'habitude toute la pierre d'une teinte grise, uniforme, et enlevait ensuite au grattoir les parties à
« éclairer : ici, une tête, une figure ; là, un cheval, un taureau. Le crayon revenait ensuite pour renforcer
« les ombres, les vigueurs, ou pour indiquer les figures et leur donner le mouvement... On rirait peut-
« être si je disais que les lithographies de Goya ont toutes été exécutées à la loupe. Ce n'était pas en effet
« pour faire fin ; mais ses yeux s'en allaient. »

(1) Eugène Bouvy.
(2) *Ibidem*.

N°			
n° 141 mad.ᵐᵉ Laguillotière	L'ami des Champs	29. 9bre.	29 9bre 1823 225. Exemp. 9f. in 8°
n° 142 m. Gaulon	un Cours de Tauromachie	29 9bre	100 Exemplaires G. in f°
n° 143 m. Jimard	Sermon pour ces paroles: Soyez reconnaissant par ent: Vermeil	3 Décembre —	29. 9bre 1000 Exemp. inf. ½ in 8°
n° 144			
n° 145 Mad.ᵐᵉ Cavazza	Calendrier Royal de la Préfecture de la Gironde pour l'an 1826.	22. Xbre —	1000 Exemp. f. feuille in 20
n° 157 m. Gaulon	Deux Lithographies représentant deux Courses de Taureaux	23. Xbre —	100 Exemp. in f.
n° 158 m. Gaulon	Lithographie représentant un instant en f° l'archevêque de Bois	23. Xbre.	500 Exem. G. in f°.

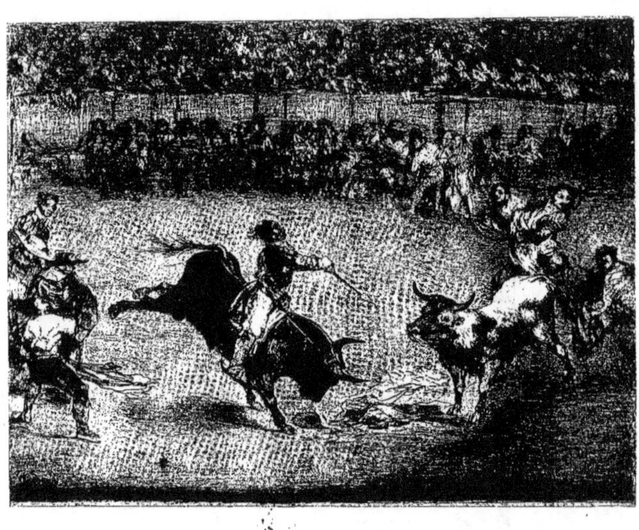

1er État. Avant la lettre, seulement avec le nom du maître, sur le terrain, à l'angle inférieur gauche. De toute rareté.

2e — Avec la lettre. On lit à G. : *Déposé*, à D. : *Lith. de Gaulon*, puis plus B. au M. : *El famoso Americano Mariano Ceballos*. Bibliothèque Nationale, Madrid, Cabinet des Estampes, Paris, Bibliothèque de l'Université, Paris, British Museum (épr. de Burty), Kupferstiche Kabinet, Berlin, l'Albertina, Vienne (épr. de G. Eissler), Museum of Fine Arts, Boston, Mlle de Barrios, MM. Berolzheimer, Loys Delteil, S. Gerona, O. Gerstenberg, Lazaro, Madrid, Mce Pereire, Henri Thomas.

VENTES : Goncourt (1897), avec les nos 287 et 289 de notre cat., 350 fr.; A. Barrion (1904), avec les nos 287 à 289 de notre cat., 700 fr. ; Anonyme (30-31 oct. 1919), 3 pl. (sur 4), 4.900 fr.; Marcel Guérin (1921), les 4 pl. 11.400 fr. ; L*** , 1922 (Leenhardt), les 4 pl. 8.500 fr.

---

287. — BRAVO TORO
(ou le PICADOR ENLEVÉ SUR LES CORNES D'UN TAUREAU)
(L. 412 millim. H. 310)

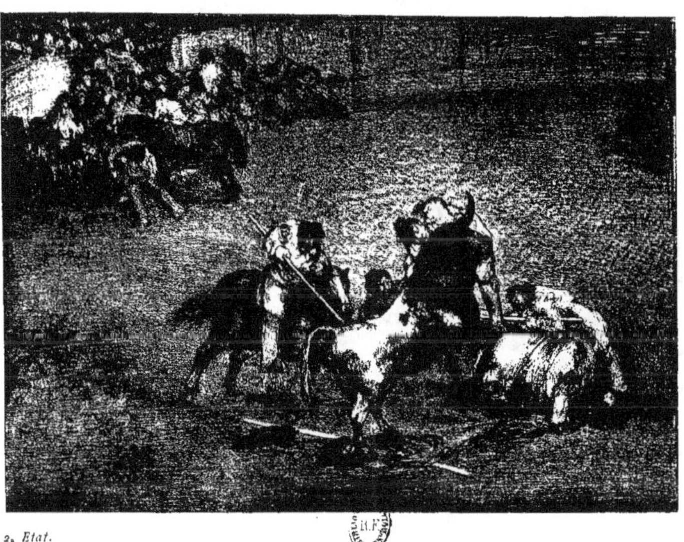

2, *État.*

1er État.   L'arène au fond à gauche, derrière le groupe des personnages, est ombrée. Très rare.

2e   —   L'arène au fond à gauche, derrière le groupe des personnages, est *blanche*. Les travaux précé
dents ont été enlevés au grattoir. L'État reproduit.

Bibliothèque Nationale, Madrid, Cabinet des Estampes, Paris, Bibliothèque de l'Université, Paris, British Museum, Kupferstiche Kabinet, Berlin, Kunsthalle de Brême, l'Albertina, Vienne (épr. de G. Eissler), Museum of Fine Arts, Boston, Mlle de Barrios, MM. Berolzheimer, Loys Delteil, S. Gerona, O. Gerstenberg, Mme Pereire, Henri Thomas.

Julius Hofmann mentionne à tort un état de cette pièce avec un n° II; l'épreuve qu'il signale au British Museum ne porte aucun chiffre, pas plus d'ailleurs que les autres épreuves que nous avons rencontrées de cette œuvre.

VENTES : Se reporter au numéro précédent.

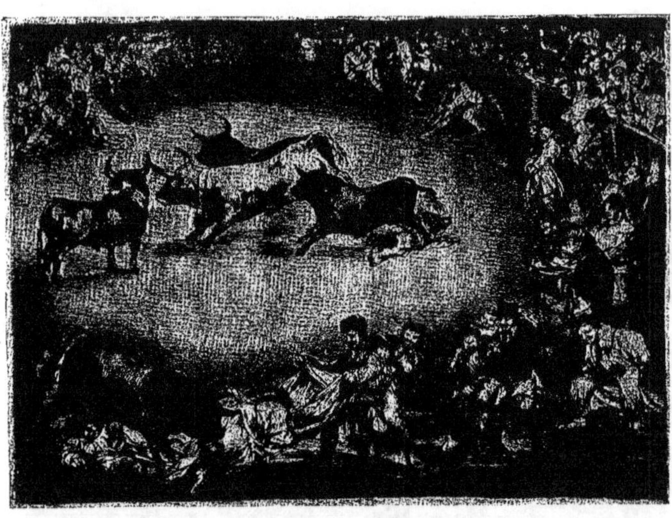

1er Etat.

1er Etat. Avant la lettre. De toute rareté. **L'État reproduit**. Bibliothèque de l'Université, Paris, Kupferstiche Kabinet, Berlin (épreuve de F. Boix), MM. Loys Delteil, S. Gerona.

2e — Avec la lettre. On lit à G. : *Déposé*, à D. : *Lith. de Gaulon*, puis plus bas : *Dibersion* (sic) *de
Espaũa*. Bibliothèque Nationale, Madrid, Cabinet des Estampes, Paris, Bibliothèque de
l'Université, Paris, British Museum, Kupferstiche Kabinet, Berlin, l'Albertina, Vienne (épr.
de G. Eissler), Bibliothèque publique, New-York, Museum of Fine Arts, Boston, Mlle de
Barrios, MM. S. Gerona, O. Gerstenberg, Alb. de Neuville, Mce Pereire, Henri Thomas.

3e — Le sujet réduit, à droite, ne mesure plus que 370 millim. de L. (au lieu de 412). British Museum
(épreuve de Burty).

Julius Hofmann mentionne à tort un état de cette pièce avec un n° III ; l'épreuve qu'il signale au
British Museum ne porte aucun chiffre, non plus que les autres épreuves que nous avons rencontrées de
cette œuvre.

<h2 align="center">289. — LA DIVISION DE PLACE</h2>

(L. 416 millim. H. 303)

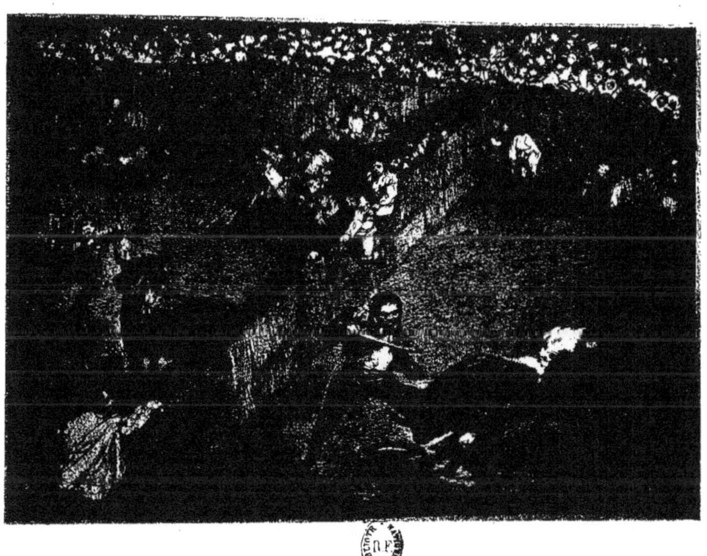

Bibliothèque Nationale, Madrid, Cabinet des Estampes, Paris, Bibliothèque de l'Université, Paris, British Museum, Kupferstiche Kabinet, Berlin, L'Albertina, Vienne (épr. de G. Eissler), Bibliothèque publique, New-York, Museum of Fine Arts, Boston, Mlle de Barrios, MM. Berolzheimer, Loys Delteil, S. Gerona, O. Gerstenberg, M^{ce} Pereire, Henri Thomas.

Comme pour les deux planches qui précèdent, J. Hofmann mentionne à tort de cette pièce un second état avec un n° (IV); l'épreuve qu'il signale au British Museum ne porte aucun chiffre, non plus d'ailleurs que les autres exemplaires que nous avons rencontrés de cette œuvre.

VENTE : H. Fantin-Latour (1905), 365 fr.

PLANCHES

DOUTEUSES ou FAUSSEMENT ATTRIBUÉES

1. — TÊTE DE BACCHUS

(H. cuivre 75 millim. L. 55)

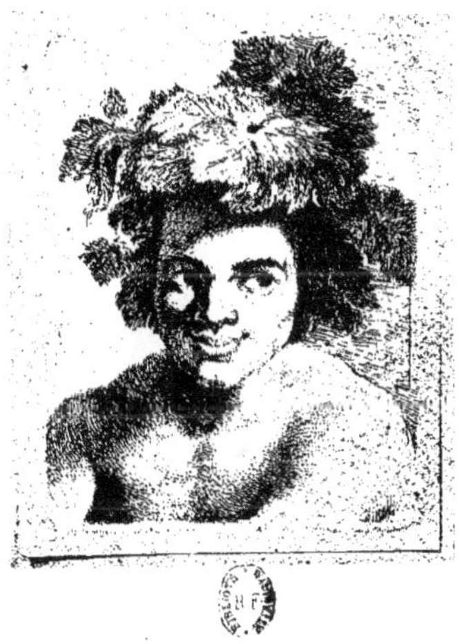

Cette petite pièce, non mentionnée par Lefort, Lafond et le Dr J. Hofmann, a été signalée pour la première fois par A. de Beruete sur la communication qui lui en avait été faite par M. Sanchez Gerona.

Nous ne croyons pas qu'il s'agisse d'une étude partielle de Goya pour sa planche bien connue des Borrochos, mais d'une copie exécutée par un autre graveur à titre d'étude.

M. Sanchez Gerona a fait exécuter une héliogravure d'après l'exemplaire qu'il possède ; le cuivre de cette héliogravure mesure 112 millim. de H. (au lieu de 75) sur 86 (au lieu de 55).

2. — UN MENDIANT

(H. 80 millim. L. 59)

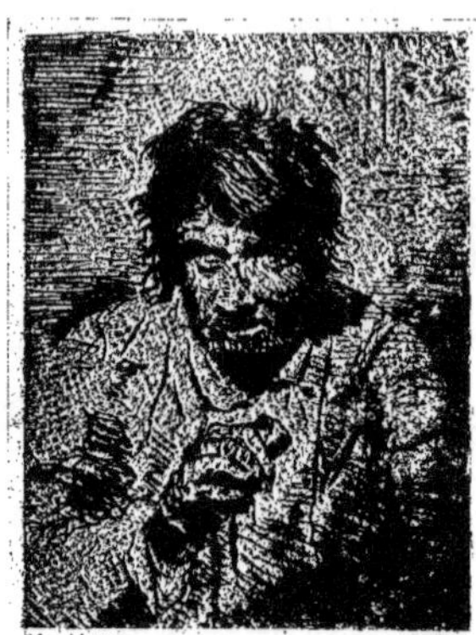

2ᵉ Etat.

1ᵉʳ Etat. Avant la lettre.

2ᵉ — Avec la lettre. L'État reproduit. Etat publié dans la *Revue de l'Art ancien et moderne* (t. IX), puis dans le *Goya*, de Paul Lafond (1902).

« Cette dernière planche — a écrit P. Lafond — appartient à D. Ignacio Zuloaga, qui a bien voulu « nous autoriser à la publier. Complètement inédite, elle présente, quoique inconnue jusqu'à ce jour, les « caractères les plus sérieux... d'authenticité. Elle provient de la famille Zapater, de Saragosse, qui la « tenait de Goya lui-même... »

Cependant, depuis cette époque (1902), M. Zuloaga n'a plus la même conviction à l'égard de cette pièce. « Je commence, nous écrivait-il le 9 octobre 1921, à avoir des doutes sur son authenticité. » (Ceci sous-entend son attribution à Goya). Nous avons donc cru devoir la rejeter de l'œuvre pour la placer dans la section des pièces douteuses ou faussement attribuées.

Le cuivre existe (il appartient à M. I. Zuloaga).

3. — LES SOUFFLEURS

(L. 168 millim. H. 120)

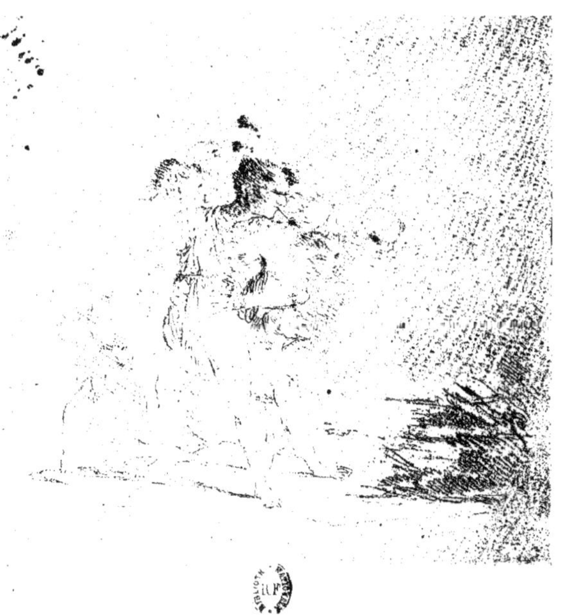

Nous ne connaissons qu'une épreuve de cette lithographie; elle appartient à M. Maurice Pereire
qui l'attribue à Goya; aucun document ne nous permet d'affirmer ou d'infirmer cette plausible attribution.

4. — VIEUX MOINE A BARBE BLANCHE

Cette pièce donnée comme *non décrite*, par Gustave Bourcard, dans sa **Cote des Estampes**, en s'appuyant sur la référence du catalogue de la vente Alfred Barrion (1904), est en réalité le **Saint François de Paule**, mentionné sous le n° 2 de notre ouvrage, et décrit avant nous par tous les catalographes de Goya, depuis P. Lefort jusqu'à A. de Beruete.

Enfin, Paul Lafond, et après lui Julius Hofmann, mentionnent, — dans leurs catalogues raisonnés de l'œuvre gravé et lithographié de Goya, — sans en avoir rencontré aucun exemplaire, une SCÈNE DE TAUROMACHIE, qui aurait été publiée par Senefelder en 1824.

« MM. Piot (*Cabinet de l'Amateur*, 1842), — note aussi P. Lefort, page 132 de son Francisco
« Goya — et Matheron (Goya, catalogue) citent encore les deux pièces suivantes, que nous n'avons jamais
« vues, et dont nous ne pouvons fournir ni la description ni les dimensions, que ces auteurs ont omis de
« donner dans leurs essais de catalogue : 261. — **Une grande scène d'Inquisition. 262. — Une Mascarade.** »

Le Comte de la Viñaza à décrit, sous le n° 7 des pièces isolées de son catalogue de l'Œuvre peint, dessiné et gravé de Goya, un *Don Quichotte*. Cette eau-forte n'est pas de Goya, mais de Félix Bracquemond d'après un dessin de Goya (n° 286 de l'œuvre gravé de Bracquemond, par Henri Beraldi).

Nous n'avons pas catalogué dans notre ouvrage la *Scène de démons*, décrite par J. Hofmann (n° 282 de son cat.) et par A. de Beruete (n° 277). M. Campbell Dodgson, conservateur du Print Room, au British Museum, nous a fait connaître qu'il ne s'agit pas en l'occurrence d'une lithographie, mais d'un *dessin* acquis à la vente Ph. Burty (Londres, 1876) et qui provenait de F. Villot.

ADDITIONS ᴇᴛ CORRECTIONS

ᴀᴜ

CALALOGUE

N° 2   de notre Catalogue. L'épreuve du 1ᵉʳ état conservée au British Museum est retouchée à la plume.

N° 4   —   —   Le British Museum possède une épreuve du 1ᵉʳ état de cette pièce.

N° 5   —   —   Le British Museum possède une épreuve (unique ?) du 2ᵉ état de cette pièce.

N° 10   —   —   Le British Museum possède une épreuve du 1ᵉʳ état de cette pièce ; elle est imprimée au verso de l'**Esope** (n° 16).

N° 16   —   —

N° 21   —   —   Le British Museum possède une épreuve du 1ᵉʳ état de cette pièce ; c'est celle de la collection E. Galichon.

N° 24   —   —   Le British Museum possède une épreuve du 1ᵉʳ état de cette pièce.

N°ˢ 25 et 26 —   —   Le British Museum possède une épreuve de chacune de ces pièces (don de J.-S. Lumley).

N° 29   —   —   Le British Museum possède le dessin préparatoire à la pierre noire pour cette planche.

N°ˢ 30 et 32 —   —   Le British Museum possède une épreuve de chacune de ces pièces.

N° 36   —   —   Lire : *Kunstgeschichte* au lieu de : Kunstgeschicht, et *Seemann* au lieu de Seeman.

N° 105   —   —   Le British Museum possède une épreuve du 1ᵉʳ état de cette pièce.

N°ˢ 200-201 —   —   Le British Museum possède une épreuve du 2ᵉ état de chacune de ces pièces.

N° 220   —   —   3ᵉ état. La lettre est effacée. État tiré à 100 épreuves, *timbrées* et *numérotées*.

N° 221   —   —   4ᵉ état.   —   —   —

N° 222   —   —   4ᵉ état.   —   —   —

N° 223   —   —   3ᵉ état.   —   —   —

Après le tirage, les cuivres des n° 220 à 223, mis dans l'impossibilité de fournir de nouvelles épreuves, seront offerts à des Bibliothèques publiques.

TABLE

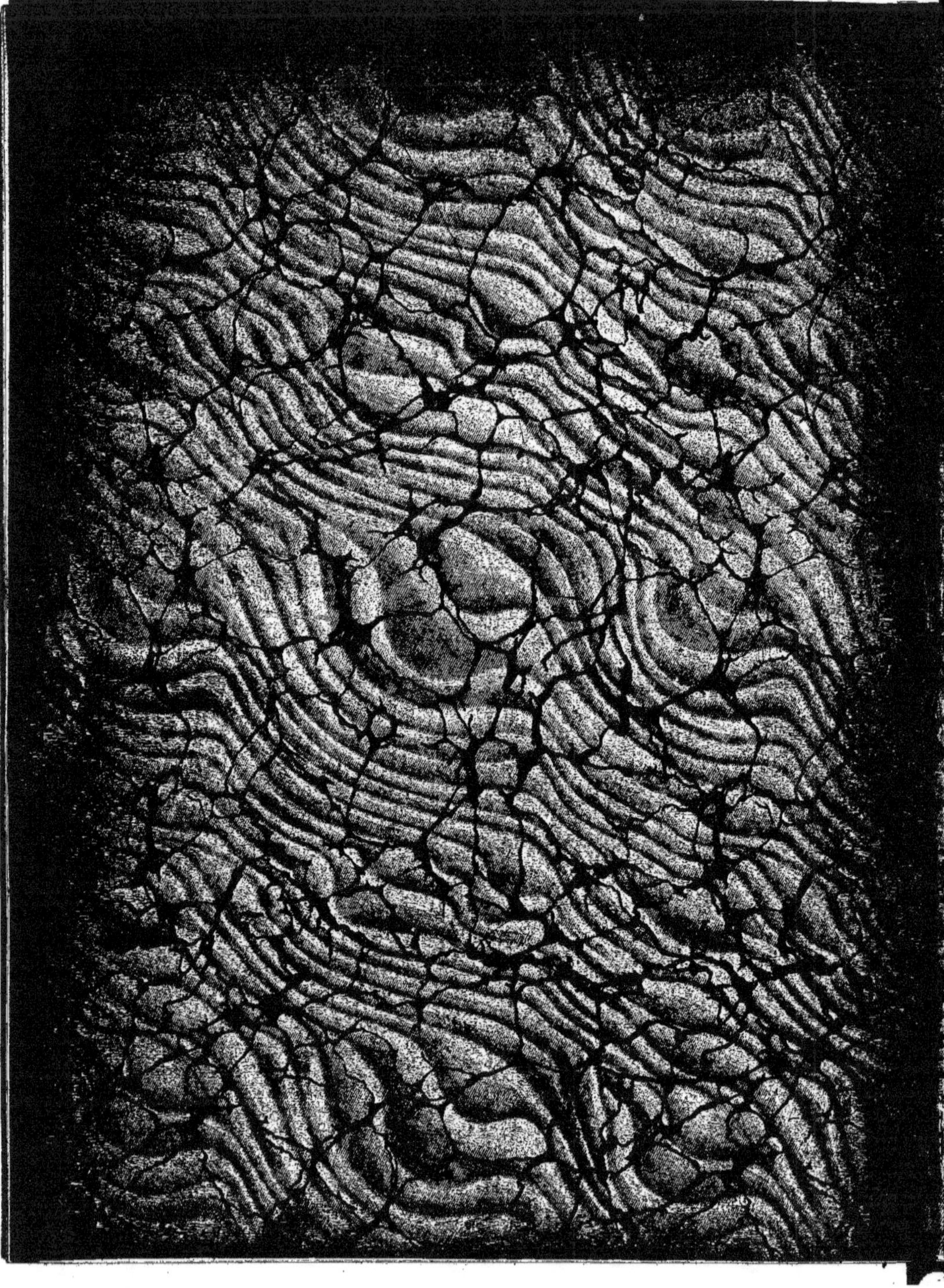

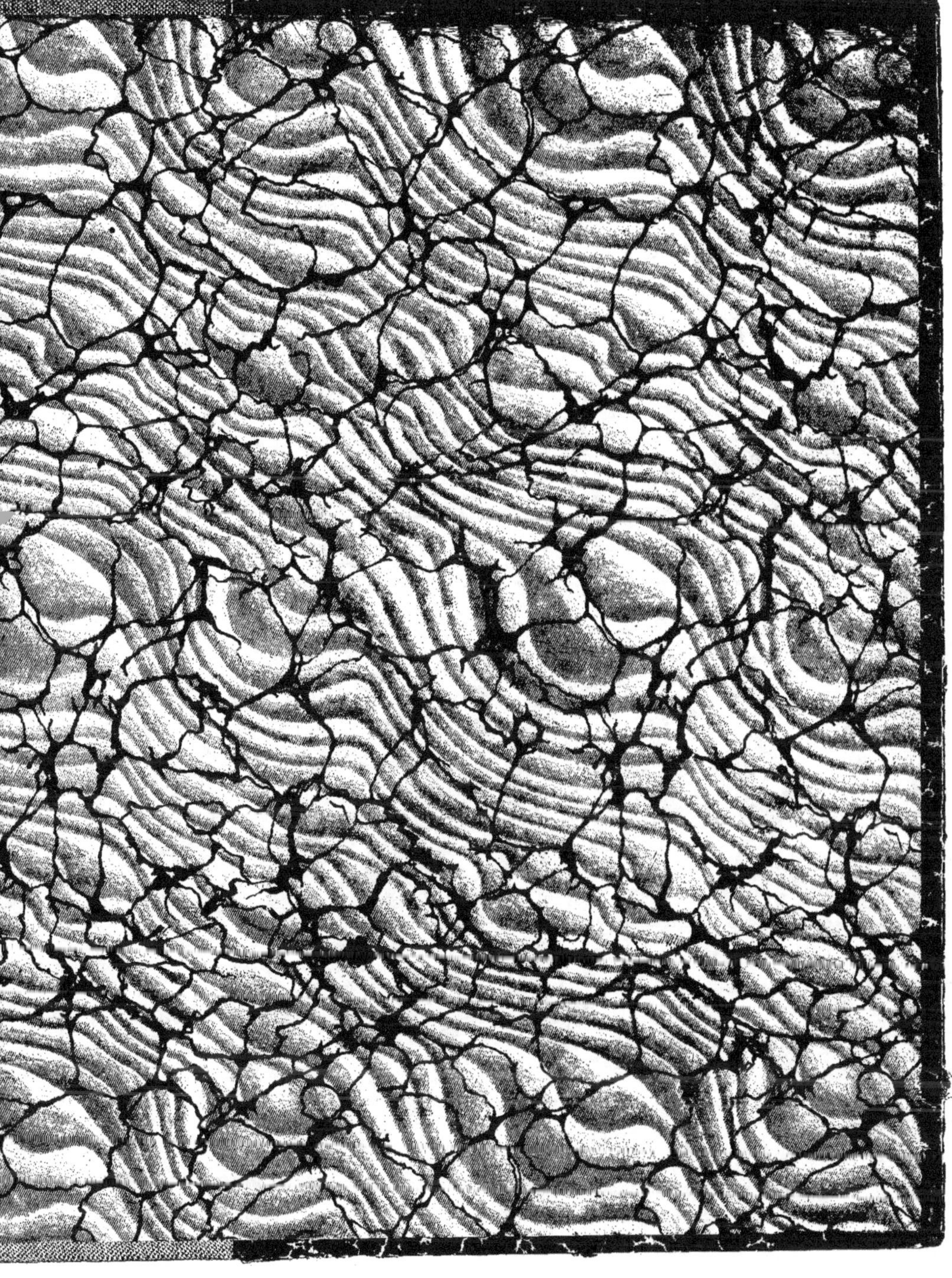